# 天际悬明月
# 山巅映高霞

卢强院士纪念文集

清华大学电机工程
与应用电子技术系
编

清华大学
出版社
北京

**图书在版编目（CIP）数据**

天际悬明月　山巅映高霞：卢强院士纪念文集 / 清华大学电机工程与应用电子技术系编.—北京：清华大学出版社，2023.12

ISBN 978-7-302-64965-6

Ⅰ.①天… Ⅱ.①清… Ⅲ.①卢强－纪念文集 Ⅳ.①K826.16-53

中国国家版本馆CIP数据核字(2023)第222534号

责任编辑：张占奎
装帧设计：陈国熙
责任校对：王淑云
责任印制：杨　艳

出版发行：清华大学出版社
　　　　网　　　址：https://www.tup.com.cn，https://www.wqxuetang.com
　　　　地　　　址：北京清华大学学研大厦 A 座　　　邮　　编：100084
　　　　社　总　机：010-83470000　　　　　　　　　邮　　购：010-62786544
　　　　投稿与读者服务：010-62776969，c-service@tup.tsinghua.edu.cn
　　　　质量反馈：010-62772015，zhiliang@tup.tsinghua.edu.cn
印　装　者：北京博海升彩色印刷有限公司
经　　　销：全国新华书店
开　　　本：170mm×240mm　　　印　　张：15　　　字　　数：190 千字
版　　　次：2023 年 12 月第 1 版　　　　　　　印　　次：2023 年 12 月第 1 次印刷
定　　　价：158.00 元

产品编号：104390-01

如月之恒 如日之升
如兰之馨 如松之盛

授業以嚴待人以寬

德藝雙馨育後進

音容宛在浩氣長存

恩師教誨永銘傳

學生江毅

——深切緬懷恩師盧強院士

# 序言

  卢强先生1936年5月19日出生于安徽芜湖，2022年12月23日逝世于北京，享年86岁。先生于1954年考入清华大学电机系，1964年研究生毕业后留校任教，1991年当选中国科学院学部委员（院士），2006年当选瑞典皇家工程科学院外籍院士，曾任第八、九、十届全国政协常委，第八、九届民盟中央副主席。卢强先生是世界著名的电气工程科学家、国内外公认的现代电力系统非线性控制学科的开拓者和奠基人，曾担任我国能源领域首个"973项目"首席科学家，在电力系统线性和非线性最优控制、电力系统灾变防治、数字电力系统、压缩空气储能等方面，均做出举世瞩目的开创性成果，出版了多部产生重大学术影响的中英文专著，为我国电气科学和电力工业的发展做出了不可磨灭的贡献，曾获众多荣誉和奖励，包括两项国家自然科学奖、国家科技进步奖、全军科技进步奖、国家级教学成果特等奖、国家优秀科技图书一等奖等。先生倾注毕生心血教书育人，培养了100余名博士、硕士及博士后等电气工程专业人才，他们中一大批成为各行业的中坚力量，其中不乏国家级领军人才和全国劳模。

  清华大学老校长梅贻琦先生有句名言："所谓大学者，非谓有大楼之谓也，有大师之谓也。"卢先生一生功业辉煌、著作等身、品行高洁、桃李天下，开创了独具风格的清华学派，可谓一代宗师。学界同人、学系同事、学业同门，听闻先生去世，无不痛心惋惜，纷纷撰文感念先生绵绵教泽、铭记先生精神主张、探究先生成功之道。为此，电机系精心汇集先生生前亲友、同侪、学生，以及业内知名人士等撰写的42篇回忆文章，集结成册，形成《天际悬明月　山巅映高霞：卢强院士纪念文集》，以深切缅怀这位至亲至敬的"大先生"。我们希望通过这本纪念文集，从多个侧面和不同的视角将卢强院士为人和治学的风骨勾勒出来，呈现给大家。

在同行和同事眼中，他是敢于担当、不怕挫折的实干家，是学识渊博、学养深厚的传道人。卢老师非常重视理论联系实际，在发电机的非线性励磁控制、最优调速控制、电力系统压缩空气储能等诸多课题中，卢老师的研究思路基本不是从演算纸上推导出来的，而是在实验室中"摸爬滚打"、不断观察实验发现的，同时所研究的所有技术也都会经过实验的反复验证，并把验证后的技术用到我们国家的电力系统建设当中，取得了很多特别有价值的成果。卢老师还是一个平易近人的人。曾经，卢老师带学生在电厂实习时，电厂师傅们对整流发电机励磁原理不太懂，希望卢老师给他们讲一讲相关的问题。对于这一诉求，卢老师非常重视，严谨认真地备了课，用师傅们听得懂的语言完成了讲授，结束后，电厂师傅都特别感谢卢老师，纷纷夸赞道："卢老师的课讲得最好。"

在企业和协会看来，卢强院士是饱含家国情怀、富有远见卓识和勇于开拓创新的行业先驱。他在电力系统非线性控制理论及其应用方面的创新使我国成为世界上该领域的先行者。他主持研制的具有我国自主知识产权的大型同步发电机组线性最优、非线性最优及非线性鲁棒三代励磁调节器先后应用于数百座电厂，取得重大社会效益和经济效益。他为了避免我国发生美国等国电网频频发生灾难性失稳大停电事故的情况，及时提出了我国电力大系统灾变防治重大科学问题，由此催生了国家首批"973项目"的立项和实施。卢强院士极具前瞻性地提出的数字电力系统这一先进理念和创新理论，超越了当时电力科研和工程普遍水平，即使放在20多年后的今天，依然代表着前沿的科研和工作方向。卢强院士对能源电力科技的发展之路始终保持高度的敏感性和深刻的洞察力，他提出非补燃压缩空气储能这一大容量、高效率、长寿命、零排放的清洁物理储能技术，并且指导建成了金坛盐穴压缩空气储能电站。

在弟子眼中，他是淡泊名利、以身作则、尊师重道的长者。卢强先生一生感念他的导师高景德先生，他说，高先生不仅是他学术上的导师，更是品格的导师，高先生的渊博学识和做人品格使他受益终身。卢强先生非常重视学生培养，他讲课风趣幽默、谈吐优雅、出口成章，乐于与学生分享心得，常教导学生在实践中学习，在解决问题中学习，培养出了一批又一批优秀的人才。他时时把学生的成长放在第一位，从不在意个人得失。他首倡和构建的电力系统灾变防治基础理论和关键技术荣获2018年国家科技进步二等奖，获奖者中没有他的名字。他积晚年十年之功，首倡和构建的非补燃压缩空气储能技术荣获2022年中国电工技术学会创会41年来的首个技术发明特等奖，获奖者中没有他的名字，却有2位在读博士生、1名在站博士后的名字。他最希望看到的是他的学生能够超越他的成就。

卢强先生是电机系"为学在严、为人要正"系训的倡导者和先行者，我们将永远铭记这位"大先生"，也将持之以恒地践行系训，努力为中国和世界培养更多的杰出人才。

清华大学电机工程与应用电子技术系主任　康重庆

清华大学电机工程与应用电子技术系党委书记　于歆杰

2023年4月

# 目录

# 深切悼念卢强院士

◎ 周孝信

周孝信，电力系统专家，教授级高级工程师，中国科学院院士，美国国家工程院外籍院士，电气与电子工程师协会终身会士（IEEE Life Fellow），中国电力科学研究院有限公司名誉院长、博士生导师。主持开发的我国第一套"电力系统分析综合程序"大型软件，在全国各地电力系统广泛应用。获全国科学大会奖1项，国家科技进步一等奖3项，国家优秀科技图书一等奖1项。

　　2022年12月23日，我的学长、同志和知交卢强院士不幸因病离世。突闻噩耗，不禁悲从中来，不能自已。卢强院士是我国电力系统学科的带头人、电力系统非线性最优控制的开拓者、大规模压缩空气储能技术的开创者和引路人。我1959年进入清华大学电机系学习，彼时卢院士已经开始研究生学习，他品学兼优，是同学们学习的楷模。待到我1965年毕业时，他已经留校任教。从读书时代至今，我和卢院士相识、相交近60年，情谊满甲子，知音惠人生。在我心中，卢强院士是一位极具魅力、富有智慧和远见的学者。他不仅在学术上取得了举世瞩目的成就，而且在教育和社会进步等很多方面做出了杰出贡献。

　　从清华本科毕业以后，我即进入中国电科院开展电力系统动态分析及控制的学习和工作，自此开始和卢强院士的科研工作有了交集。"文革"结束后，我国工业快速发展，电力供应十分紧张；当时我国电力系统薄弱，特别是发电系统及其控制系统高度依赖进口，发电机稳定出力的上限难以提高，导致有电发不出、有电送不出的困局。当时，我和卢强都是刚工作不久的青年科研工作者，心中充满了斗志，要用专业技能帮助国家尽快发展。我将研究重心设定在大电网分析方面，而卢强以其高度的学术敏感性和开创精神，决定投身到电力系统最优控制这个当时在国内尚属空白的研究领域。他从线性到非线性再到非线性鲁棒，从理论到实验再到工业应用，披肝沥胆，逐渐成为这一领域的开拓者和引路人。他所撰写的《输电系统最优控制》和《电力系统非线性控制》等专著已经成为电力系统控制领域的经典。在他的努力下，我国的大型机组励磁控制系统逐步实现了从全面受制到国产可控再到技术领先的跨越式发展，这让当时国内的众多电力科研工作者深受鼓舞。后来，我和卢强院士一起参观三峡大坝，他告诉我"期望能够将非线性励磁和调速控制的模型加入PSASP软件中（我所领导开发的大电网仿真分析工具），指导更多电网优化规划和运行"。

我欣然同意，并组织力量抓紧落实，很快在PSASP新版本中集成了上述模型。现在，中国电力工作者不但可以从书本上学习卢强院士的理论，还可以动手实践，通过仿真认识先进控制理论的巨大威力，更好地应用和发展卢院士的科研成果。

1997年，国家启动了"973"科研计划，重点支持基础理论研究方向。作为电力系统学科带头人，卢强院士以国家重大需求为指引，响应国家号召，率先申报启动了电力系统首个"973项目"，开展了电力系统灾变防治的重大基础研究。刚收到科技部的通知，卢强院士就第一时间邀请我参加申报团队，开展大电网建模和仿真的研究。这本就是我的主攻方向，能够得到首个"973项目"支持，是再好不过了。我一口答应下来，并积极参与后续的项目申报和实施，最终给国家交出了丰硕的研究成果。回头看看，正是卢强院士的高瞻远瞩和广阔胸襟，让电力系统的第一个"973项目"取得了巨大成功。他不仅提出了数字电力系统的宏大构想，更将其与电力系统三道防线的具体实践结合，成为完备的理论和技术体系。2001年，国家电网拟开展数字电力系统研究，本来是以卢强院士牵头组织。但他看到研究的主要内容是电网仿真分析方法，便主动联系我，希望让我来牵头此项目。借此，我也算推动了数字电力系统思想的工程实践，将卢强院士的理念与电网运行结合了起来；另外，卢强院士放眼未来，将"973项目"的研究任务尽可能多地交给青年人，让他们有机会上大舞台、做大问题，培养出一大批优秀的青年学者，为我国电力技术发展积淀了众多人才。通过"973项目"，卢强院士为中国电力科技发展开辟了新方向，为后续一系列电力重大项目设立打开了局面。通过与卢院士共事，我也收获良多，并于2004年成功申报了新的"973项目"，开展电力系统运行可靠性研究。20年过去了，回顾两个"973项目"长达10年的奋斗历程，我至今仍时时心潮澎湃，卢强院士勇争人先，我接棒努力，年轻的学者们发扬光大，都为国家电力科技的进步竭尽了所能。

近10年，我和卢强院士的科研交集主要集中在压缩空气储能技术研究和示范工程中。大约在2011年，卢强院士和我联系，提及他要启动压缩空气储能技术研究，并认为该技术可解决风电太阳能等新能源电力入网带来的电力系统运行难题。我听后大吃一惊，压缩空气储能和我们熟悉的电化学储能大相径庭，主要涉及热工和机械等学科，是一个典型的跨学科研究方向，能成吗？然而，卢强院士眼光独到，对此方向十分执着坚定，他不仅亲力亲为开展研究，更不断努力争取国家部委的支持。国家电网也对此高度关注，委托我作为专家组长组织专家委员会论证。论证会上，卢强院士第一次完整地提出了非补燃先进压缩空气储能技术及其发展路径，兼具技术创新和工程实用。我和专家委员都为之信服，全力支持卢强院士团队启动了第一个500kW示范电站的建设。其后，卢强院士又邀请我和中科院的周远院士共同组成了领导小组，共同开展这一跨学科的科研攻关。他为实验电站取名TICC 500，取意于Tsinghua-IPCCAS-CEPRI-CAES，缩写中第一个C就是指中国电科院，彰显了三个单位协同创新的决心。项目过程中，我的团队为示范电站的并网和运行提供了优化方案，参与了一系列实验验证，圆满完成了既定的研究任务。2014年，随着500kW非补燃压缩空气储能示范电站建成和实验成功，卢强院士的理念和技术开始得到学界和工业界的广泛认可和高度赞扬。其后，2018年，卢强院士团队又启动了60MW/300MW·h的盐穴压缩空气储能国家示范工程，进一步发展相关技术和装备，攻克了一系列工业化的关键技术难题，并于2021年正式建成发电，取得圆满成功。我有幸作为鉴定专家主持了非补燃先进压缩空气储能技术成果的鉴定。在鉴定会上，我看到示范电站雄伟壮观、设备精良、运行稳定，效率超越欧美、冠绝全球。那个时候，卢强院士意气风发，他告诉我未来还要建设250MW的商业化压缩空气储能电站，为长三角地区提供一个巨型"充电宝"，支撑更大规模的可再生能源发电消纳，让碳达峰、碳中和早日实现。此情此景，让人难以忘却，激励着新一代的电力科技工作者不断努力奋进，科技报国，实现卢院士宏愿。

近30年来，我和卢强院士都为国家发改委、能源局、国家电网、南方电网和发电企业提供技术咨询。我们共同发起和参与了很多专业咨询委员会，长期保持合作。另外，作为主要负责人和专家顾问，卢强院士积极组织和参与中国科学院技术科学部建立的多项咨询评议项目。现在国内很多重要的电力科技创新与发展都从中受益。

卢强院士是一位人格高尚、学识渊博、精神崇高、情操高尚的杰出科学家和教育家。他为我国能源电力事业的发展做出了重大贡献，是我国能源电力领域的杰出代表。他的逝世令人痛惜，我深感悲痛和失落。让我们将他的精神和事业继承发扬下去，为推动我国能源电力事业的发展做出更大的贡献。

在此，我向卢强院士表示最崇高的敬意！向卢强院士的亲属表示最深切的慰问！愿卢强院士安息！

# 沉痛悼念、深切缅怀卢强院士

◎ 杨奇逊

杨奇逊，中国工程院院士，电力系统继电保护专家，华北电力大学教授。主要从事电力系统微机保护、自动化领域的研究，曾获国家科学技术进步二等奖2项。

2022年12月23日，突闻卢强院士病故的噩耗，我悲恸不能自已，怀着深切缅怀的心情回忆卢强院士波澜壮阔的一生，我不禁泪目，电力大先生已故，再难见其音容笑貌，思量千百度。卢强院士生前历经磨难，身为最早一批电力科研人员，将自己的一生都奉献给了国家电力事业。得此悲闻，追思卢强院士的生平往事，令人唏嘘。

我与卢强院士相识近40年，我们的研究领域虽然不同，但我们常在一起开会，多次请他来华北电力大学指导电力系统及其自动化学科建设等，往事历历在目。他在前瞻性科学研究、对华北电力大学的倾力帮助以及对青年教师的关心和支持等方面都做出了不可磨灭的卓越贡献，给我留下了极其深刻的印象。下面，仅举我亲眼看到的或我亲耳听到的校内教师谈起的事例，缅怀卢强院士。

我记得早在1995年，卢强院士就向国家提出我国太阳能发电系统发展规划的建议，阐述了利用该技术对我国西部开发的重要意义，并于1997年主持了"太阳能扬水及照明智能化综合系统"的研发。如果说在今天发展新能源和储能是业内共识的话，那么在20多年前就明确提出发展新能源和储能，绝对就具有先导意义和引领作用了。

卢强院士和我都是南方电网专家委员会的成员，大概在2000年的一次会议上，他提出了数字电力系统的概念，并对其主要功能、所需进行的基础研究工作以及如何实现等问题进行了阐述。现在看，这一概念和思想在本质上就是后来关于智能电网与智能电力系统的论述。2006年欧洲提出智能电网愿景，2009年美国提出将智能电网提升为国家战略，2009年国家电网公司提出全面建设以特高压电网为骨干网架的坚强智能电网，南方电网提出建设数字电网、构建具备数字化服务能力的新型能源网络等。

2012年，卢强院士跟我谈到，他要带领团队开展压缩空气储能研究。经过10余年的奋斗，该团队在面向电网运行能力提升的非补燃压缩空气储能关键技术、非补燃压缩空气储能系统集成优化与建设关键技术等方面取得了一系列具有自主知识产权的研究成果，突破了从微小型到大型压缩空气储能电站的开发难题，并成为目前最有可能实现大规模商业化应用的技术路线之一。

从这三件事上可以看出，卢强院士对电气工程领域始终有深入透彻的分析、独到的眼光、前瞻的研究和锲而不舍的科研精神，引领了电气工程领域的发展方向。

卢强院士全面支持华北电力大学电力系统及其自动化学科建设，学术把脉，出谋划策，科学引导，做出了重要贡献。

华北电力大学电力系统及其自动化学科建设起步于"211工程"，当时我校隶属电力工业部，不是教育部直属高校。当时，按照教育部一部一所建设"211工程"的指示，电力部将武汉水利水电大学（后并入武汉大学）列入国家"211工程"建设序列，将我校比对"211工程"进行建设并在教育部备案。在我校"211工程"的建设过程中，卢强院士作为电力系统及其自动化学科的专家组组长，对我校电力系统及其自动化学科的发展历程、成果贡献、师资队伍、科研平台以及学生培养质量等给予了充分肯定和积极评价，高瞻远瞩，提出了非常好的指导意见，特别是要进一步凝练科学问题和研究方向、加快培养中青年学术带头人等方面给予了具体指导，在多个重要场合力挺我校。在卢强院士以及专家组各位专家的大力支持下，1997年我校电力系统及其自动化学科顺利通过了"211工程"子项目验收，最终通过了"211工程"验收。至今，我的多位同事还常常谈起当年卢强院士对我校的全面帮助，如肖湘宁教授说："1997年的'211工程'建设电力系统及其自动化子项目验收会对华北电力大学电气工程学科的发展至关重要，为我校进入教育部后再上新台阶、快速发展奠定了坚实的学科基础。"对此，我本人和华北电力大学对卢强院士一直心存感激。

◎ 卢强院士（会标下方的主持人）作为专家组组长主持学科验收会

　　从这之后，我与肖湘宁教授、贺仁睦教授等参加了2002年电气工程国家重点学科申报和答辩等工作。在卢强院士和与会专家的大力支持下，华北电力大学电力系统及其自动化学科入选，进而电气工程一级学科顺利进入国家重点学科，紧跟清华大学、西安交通大学等高校，位居国内电气工程学科第一梯队。从此，华北电力大学信心大增，一直以高标准要求自己，才有了今天的成绩。

　　我们曾多次邀请卢强院士来校做学术报告。记得有一次他的报告题目为"智能电力系统与智能电网"，当时大家还不清楚何为智能电力系统与智能电网，他在那次学术报告中论述到，不能像欧美那样，用"智能"来定义智能，他认为"一个具有多指标自趋优运行能力的电力系统称为智能电力系统，110kV及以下电压等级的智能电力系统称为智能电网"，并提

◎ 2007年11月25日卢强院士（左边第二位）视察华北电力大学实验室

出了基于混成控制理论的解决方法。我对那次报告至今记忆犹新，那次报告也使得我校广大师生受到很大的启发。

2006年，华北电力大学建设电力系统保护与动态安全监控教育部重点实验室，邀请卢强院士来校指导并帮忙凝练科学问题。他高屋建瓴，以壁虎断尾可自愈为例，建议可用"镇定理论"来凝练科学问题。受此启发，我们对科学问题的思考更加深入了。

2010年，华北电力大学申请新能源电力系统国家重点实验室，申报书初稿写好后，李成榕教授、崔翔教授和毕天姝教授一起来到清华卢强院士办公室，征求他的意见，特别是他对科学问题和研究方向的意见。他不仅给予充分的肯定，还给出了全面的指导。后来在我校提交的申报书中，科学问题基本上就是他在我们的基础上凝练的，即"大时间尺度紧密耦合且具有强随机性的复杂电力系统分析控制理论与方法"。卢强院士为我校成功拿下国家重点实验室做出了很大的贡献。

华北电力大学电气工程学科在国内外有今天的地位，离不开卢强院士长期的关心、支持和帮助。

卢强院士非常关心青年教师的成长，不仅关心清华和自己团队青年教师的成长，而且关心国内其他高校青年教师的成长，在国内外赢得了广泛的赞誉。

我在华北电力大学参加国家重点实验室和电气工程学科的各种会议上，时常听到老师们对卢强院士关心支持青年教师的议论和好评。

例如，我校贺仁睦教授的研究方向是负荷建模，当时国内电力系统主要关注系统的安全稳定，很多人认为负荷模型对电力系统的安全稳定影响不大。贺仁睦教授回忆说："尽管负荷建模不是卢强院士的研究方向，但他很重视负荷建模，每次有国家自然基金或'973'等重大项目时，他总是在这些项目中设置负荷建模课题，并委托我来负责完成。通过这种方式，国内逐步认识到负荷建模对于电力系统仿真分析和运行控制的重要性。在我参评顾毓琇电机工程奖时，卢强院士是我的推荐人之一。对此，我一直心存感激。"

又如，崔翔教授回忆道："我的研究领域不是电力系统，以前只知道卢强院士的名字以及他在电力系统的学术地位，并不认识。1993年7月，国家自然科学基金委员会设立了'优秀中青年人才专项基金'，即后来的国家杰出青年科学基金。我校杨以涵先生建议我申请，并跟我说，卢强老师是中国科学院学部委员（后更名中国科学院院士），我给他打电话，请他当你的推荐人。1993年7月24日上午，我如约来到清华卢强院士的办公室，这是我第一次见到他。我当时才33岁，又年轻，见到他有些紧张。他很随和，平易近人，简单聊了两句后就消除了我的紧张状态。话题很快就转到学术话题，他看了我带去的材料，听了我的业绩介绍，问了我一些问题，对我的工作给予了充分肯定和鼓励，立即为我手写了推荐信。对此我至今铭记于心。"

这样的事情还有很多。李成榕教授回忆起，卢强院士提醒他做高电压实验研究时不能忽视数学建模工作的重要性。王增平教授回忆到，2019年在杭州举行的一次学术会议上，83岁高龄的卢强院士仍坚持对每位发言人的报告进行非常到位的点评。毕天姝教授回忆，卢强院士即便在80岁高龄之后仍坚持参加他课题组每位博士生的答辩工作……

卢强院士为国内电气工程学科的发展做了大量工作，培养了一批又一批拔尖优秀人才，他们遍布在全国各地的高校、科研院所和电力行业中，传承着卢强院士的科研精神。

逝者安息，生者铭记。忆苦恨断愁肠，思英豪泪两行，向卢强院士表示崇高的敬意！

# 深切缅怀良师益友卢强院士

◎ 黄其励

黄其励,1964年清华大学动力系毕业,1968年南京工学院研究生毕业,先后在辽宁发电厂、东北电科院、锦州发电厂和东北电管局工作,1997年当选中国工程院院士。现任国家电网有限公司顾问,兼任国家能源集团电力领域首席科学家、北京师范大学国家安全与应急管理学院战略发展委员会副主任。

2022年12月23日腊月初一，天气特别寒冷，卢强院士不幸离世的消息比天气更冷。闻此噩耗，我感到震惊又悲伤。卢院士一生历经各种艰难环境，矢志不渝，为国家电力科技和教育事业倾注毕生心血。我与他从20世纪80年代即开始相识、相知和相交，既是最重要的科研合作者，更是交心的良师益友。如今挚友驾鹤西去，从此天人永隔，不胜悲痛和惋惜。

20世纪80年代，我任东北电网（副）总工程师。那时东北的发电机组容量小，电网薄弱，安全水平不高，急需通过技术进步，与强手联合，产学研携手，提高电网的安全运行水平。在这样的背景下，我们得到了卢强院士的帮助和指导。东北电网和卢院士在励磁控制及应用方面的合作，经历了三个阶段。

第一阶段——线性最优励磁控制。卢强院士从20世纪80年代初开始探索将现代控制理论引入电力系统控制，1982年完成了经典著作《输电系统最优控制》。之后他又投身于将理论成果应用于电力工业生产中，并于1983年研制出了世界上首套线性最优励磁控制器。这期间，很多试验都是在东北电网的一些电站完成的。1986年卢院士在东北电网碧口水电站调试线性最优励磁控制器，整个春节驻守电厂，坚持调试工作。1987年线性最优励磁控制器试验获得成功，多个电站的试验结果表明，控制器可避免小干扰下的振荡问题，能够将系统的稳定输送极限提升10%～15%，属国际领先水平。中国人自己研发的电力系统稳定控制技术第一次站到了全世界的前列，是一件很了不起的事情！

第二阶段——非线性最优励磁控制。我1993年任东北电管局总工程师后，了解到卢院士在国际上率先提出非线性最优控制，而且已在非线性最优汽门控制、非线性最优励磁控制等方面取得了理论上的突破，1993年他出版了经典著作《电力系统非线性控制》，非线性控制非常有助于提升系统的大扰动稳定性。我认为这是提高东北电网安全稳定性的又一创新技术。此时，东北电网还比较薄弱，急需在遭受大扰动的情况下维持系统稳定性的措施。但是，当时非线性励磁控制器全世界都还没做出来，研制难度非常大，特别是要在电网运行中做试验，一旦出现安全问题，后果将极其严重。我顶着"第一个吃螃蟹"的风险，与卢院士共商非线性励磁控制的科技攻关问题，双方一拍即合。我当即着手协调东北电网，全力支持卢院士的技术攻关，并积极在东北电网寻找合适的试验电站，制订详细周密的试验方案，为非线性励磁控制器的现场试验做好充分准备。经过长达3年的艰苦努力，世界首台非线性最优励磁控制器终于在1996年问世，通过丰满等电厂的现场运行，控制器经受了各种试验和电网事故的考验，在提升大扰动稳定性方面展示了优良的性能。

第三阶段——非线性鲁棒控制。我为非线性励磁控制器的成功研制感到自豪，但是卢院士并没有停止探索的脚步。2004年年底到2005年年初前后，卢院士兴奋地给我提到，他把非线性励磁控制器又更新换代为基于非线性鲁棒控制理论的新一代控制器，用于大型发电机组的励磁、调速、超导储能以及灵活交流输电等控制器设计，并已研发成功新一代大型同步发电机组非线性鲁棒励磁控制器，动模实验已经搞过了，效果非常好。他希望和东北电网再度联手，把非线性鲁棒励磁控制器用起来。东北电网坚决支持，在2004年、2005年成功地进行两次大扰动试验基础上，2006年12月，70岁高龄的卢院士，在数九寒天，亲临东北电网白山水电厂指导300MW发电机组励磁现场试验，当时我任现场试验总指挥。在卢院士的指导、白山电厂和东北电网调度的积极配合下，非线性鲁棒励磁控制器（nonlinear robust power system stabilizer, NR-PSS）的现场试验大获成功。后续东北电网陆续有30余台机组装上了最新研制的NR-PSS，系统暂态稳定极限得到显著提升。以上研究成果在2007年通过了鉴定，以电力部陆延昌副部长为组长的鉴定会专家，一致认为NR-PSS技术达到国际领先水平。这项成果先后获东北电网公司科技进步特等奖、国家电网公司科技进步一等奖和国家自然科学二等奖。

我在和卢院士的长期交往中，收获了创新硕果，深结了永恒友谊。他常常与我回忆这段合作、创新的历程，鼓励我不断前行。2019年2月5日，在相互问候新的一年时，他表扬和鞭策了我。他在给我的短信中说："你是我事业上的大贵人，若不是你科学思维和敢于担当的精神，我的前大半生的'理论'就成了一纸空文……东北电网白山等电厂已装备中国的最优控制器，我们的仿真结果是平安无事，实践证明了我们的控制理论和实践并不低于他国，你在该创新理论与实践结合方面是居功至伟的，这是我衷心的话。"

伟大的科学家有伟大的人格情操，有不停前进的脚步。卢强院士在长达半个多世纪的学术和科研工作中，取得了许多举世瞩目的开创性成果，除了线性和非线性励磁控制之外，还包括电力系统灾变防治、数字电力系统、压缩空气储能等领域。他为我国电气科学和电力工业的发展做出了不可磨灭的贡献。其中，我认为最能代表他科研精神与品格的工作，还是他在励磁控制研究上的三十年磨一剑。他在电力系统非线性控制理论及其应用方面的创新使我国成为全世界该领域的旗手和先行者，他名副其实地成为国际公认的电力系统非线性控制学科的开拓者和奠基人。他穷其一生，为我国能源电力科技和工业发展卧薪尝胆、呕心沥血的家国情怀，更加令人感佩。卢院士的奋斗历程和高洁品德已经而且必将继续地感召我们以及无数的后辈。

长歌当哭，卢强院士的离世让人痛惜，但我想卢院士最想听到的，应该是一代又一代能源电力工作者不断砥砺前行的奋进之歌。

# 心系国防的学界泰斗

## 卢强院士关心海工团队发展的故事

◎ 马伟明

马伟明，能源动力领域专家，中国工程院院士，海军工程大学教授，专业技术少将，专业技术一级。中国科协第九、十届副主席，第九、十一、十二、十三届全国人大代表，中共中央第十八届中央候补委员、十九届中央委员。为国防装备发展和人才培养做出了重要贡献，领衔团队获国家科技进步奖创新团队奖1项、特等奖1项，一等奖3项、二等奖2项，军队科技进步一等奖27项。获首届"全国创新争先奖"，被海军授予"创新强军马伟明模范团队"荣誉称号，荣立集体一等功2次。个人获首届"十佳全国优秀科技工作者""何梁何利基金科学与技术成就奖"等奖励和称号20余项，荣立个人一等功、二等功各2次，2017年获军队最高荣誉——"八一勋章"。

2022年12月23日上午，清华大学电机系传来卢强院士不幸逝世的消息，我十分震惊与悲痛。回忆起30年来前辈卢强院士对我本人和团队关心、关爱、指导、帮助的历历往事，点点滴滴都激起我无尽的怀念和哀伤，不知不觉泪满双眼。

30年前，我刚到清华学习不久，在学术报告会上初次见到世界著名的电气工程泰斗级科学家卢强教授，他了解到我和张晓锋同学是应郑逢时教授的推荐、时任校长高景德同意来到清华大学电机工程系攻读博士学位的海军工程学院在职教师，就勉励我们珍惜难得的机会，认真学习，努力为国防建设做出应有的贡献。虽然在清华学习期间没有和卢老师有很多接触交流，但是在此后20多年里卢老师给我这个学生许多终生难忘的指导和帮助。

1998年6月，海军工程学院电气工程系申报"电力系统及其自动化"博士点学位授予权。因为当时船舶电力系统基本上都是交直流低电压系统，我们海工电气工程的学术交流活动主要集中在船舶领域，很少有人在陆地高压大电网为主的电力系统学术会议上出现，所以我们电力系统及其自动化博士授权的申报工作受到了国内电力系统专家的普遍质疑，不认可船舶电力系统属于"电力系统及其自动化学科"。为此，我们找到了当时担任国务院学科评议组负责电气工程学科目录编辑牵头人卢强院士反映情况。卢强老师认真听取并同意我们的意见后，向有关的专家解释：船舶电力系统是一种典型的独立电力系统，麻雀虽小，五脏俱全，系统包括发电、输配电、电能变换、电力传动、储能和智能化系统能量控制等。在电气工程下设的5个二级学科，电机与电器、电力系统及其自动化、高电压与绝缘技术、电力电子与电力传动、电工理论与新技术中，唯有"电力系统及其自动化"最合适；当然，我国原来关于"电力系统及其自动化"学科目录中的确缺少船舶电力系统的内容，我们的学科目录修订需要补充完善。在卢强院士和许多教授的支持下，1998年12月，国务院学位委员会批准了海军工程学院"电力系统及其自动化"博士点学位授予权，对于我校的学科建设和人才培养起到了重要的推动作用。

自1986年始，我们围绕舰船新型供电系统，开展了连续13年的研究，终于攻克重重技术难关，完成了某型潜艇充电发电机国产化工程样机研制。1999年9月21日，海装舰艇部在北京主持召开"舰船新型供电系统研制"鉴定会。会前海军机关邀请卢强院士作为专家并主持鉴定。开会前一天，清华大学机关通知卢强院士21日上午参加教育部韦钰副部长来校主持的会议，且会议涉及卢院士的学科研究，务必到会。卢院士反复解释海军机关已经提前预约了会议，请求学校调整了韦钰副部长在清华大学的行程次序，他先主持了我们的项目鉴定会，而后才匆匆赶回学校参加校内的会议。

卢院士及鉴定委员会专家们给予我们高度评价，认为：课题组深入研究了我国舰船新型供电系统研制工程中的多项关键性技术，从理论和工程应用上，创造性地解决了潜艇新型供电系统中稳定运行、突然短路故障分析、整流装置故障实时诊断以及十二相发电机电磁设计、参数计算、参数测量、动静态性能分析等重大技术难题，取得了令人瞩目的一系列成果，其中多项成果达到国际领先水平。一系列成果保证了某型潜艇动力系统的正确设计与安全可靠运行，在该型潜艇研制过程中发挥了重大作用。该成果获得了2000年度国家科技进步一等奖。

卢强院士是中国科学院院士，著名的电气工程教育家，承担了国家"973"等众多重大科学研究课题和人才培养任务，还在百忙之中心系国防建设与发展，关注和支持我们海军工程大学科研团队的研究课题，对我们选择确定的舰船综合电力和电磁发射两大研究方向技术给予充分肯定支持，对于我们取得的每一点进步都给予积极鼓励。他在2006—2016年10年间连续担任我牵头组建的舰船综合电力技术国防科技重点实验室学术委员会委员，每年都拨冗参加学术委员会的活动，对舰船综合电力技术的研究方向和国防科技重点实验室建设提出了许多有益的指导意见和建议。他曾经在实验室做了"舰船电力系统的EMS构想研究"的学术报告，详细介绍了全电化船舶建立能源管理系统（energy management system, EMS）的必要性、EMS框架的主要内容，着重对我国船舶电力系统的优质安全运行等重要问题进行了阐述，使与会从事舰船综合电力系统研究和工程化实施的年轻教师、博士研究生们收益颇丰。

2008年11月3日，海军工程大学主持召开了我们自筹资金研制的某重要装备小型样机鉴定会，卢强院士和20多个单位70多名专家代表参会，卢院士担任鉴定委员会主任委员。与会专家听取了研制工作汇报，观看了系统小型样机试验演示，详细了解了设计分析、研究过程和结论，对于项目组梳理出的4个子系统的若干项关键技术，已获突破和验证的关键技术有80%多，表示赞赏与认同。认为该系统装备在设计和制造上已经没有不可逾越的技术难关。卢强院士说：研制的兆瓦级小型样机是非常成功的，技术原理上是成熟的，进行工程样机实施技术途径是可行的。卢院士与鉴定委员会专家们认为"该项成果提出了一种可适用大型舰船的系统方案，大量试验证明了其方案的正确性和技术可行性"；"该项成果填补了国内空白……具有当今国际先进水平具备了开展1∶1工程样机研制的技术能力"。呼吁相关领导部门要"尽快推进1∶1工程样机的研制"，支持把这个代表技术发展方向的系统工程研制继续进行下去。

2008年12月2日、3日，卢强院士又在百忙之中参加有关部门召开的装备技术发展及工程可行性研讨会，他耐心地向相关领导和其他行业的专家说："观看了小型样机系统的试验和相关的测试数据，很振奋！根据本人电气工程认知水平，我对这个项目技术很有信心，方案正确，技术可行，风险较小。根据电机相似性原理，1∶100的样机完全可以说明问题，可以直接放大，国际上大型电机研制规范做法就是先做小型样机，我们应该直接上1∶1工程研制！"会后，卢院士了解到行业内和机关有些人一直对该技术研究不怎么关心、没有明确的意见，感觉到对于我国重大装备，作为电气工程领域的院士，自己有责任向中央最高领导反映该项目研制取得的突破情况，请求国家领导给予关注支持。卢院士征得电气工程领域4位院士程时杰、严陆光、顾国彪、雷清泉的同意，亲自执笔，字斟句酌，六易其稿，以两院院士来信特有渠道给中央领导人写了一封信。信中首先介绍了这个现代舰船标志性技术，代表着该领域技术发展方向，西方发达国家非常重视，投入巨资研发多年，正在进行1∶1工程样机研制，积极准备装备新一代战舰。我国有关部门跟踪模仿西方传统技术多年，至今没有突破。海工团队在三代人几十年专注于舰船电气工程技术研究并且取得许多成果的基础上，勇于担当，主动作为，自筹经费，致力于新型技术研究，取得重大突破，成功研制出了小型样机。通过国内众多专家的科技成果鉴定，表明已经突破并且验证了系统研制中绝大多数关键技术，具备和西方同步发展的能力。这一项我国为数不多与西方同时发展的高新技术装备，带有基础性、前沿性、战略性的系统技术，不仅可以保证我国舰船的顺利研制，还可以推广应用于武器、航天、列车等军民用领域，是一项利国、利军、利民的战略性工程，不可犹豫不决、耽误时机，希望有关部门给以足够的重视与支持。卢院士等建议：国家应该尽快立项，进行工程化研制。中央领导圈阅了5位院士的来信，并批转给有关领导，引起了有关部门的重视。

2013年春节前夕，卢强院士临时接到海军工程大学召开某重大项目科技成果鉴定会的通知，果断取消自己项目组的重要节点安排，赶来武汉担任专家委员会主任委员为我们项目主持成果鉴定。卢强院士和参加会议的40位院士及国内各个学科的100多名专家对我们的研究给予了极高的评价，认为："该成果经各种功能、性能试验考核，各项技术指标达到了预期目标，完成了全部研制任务。研制成功的1∶1全系统样机具有完全自主知识产权，攻克了系统的全部瓶颈技术和关键技术，创新成果填补了国内空白，达到了当今国际先进水平，其中某些性能优于国外同类装置。系统方案和生产工艺成熟固化，关键材料和器件保障稳定，国内生产制造现实性好，具备了工程应用条件，可显著提升舰船的综合作战能力，并可推广应用于军用和民用的相关领域。"卢强院士希望团队千万不能解散，要为工程应用和成果推广继续努力奋斗。他呼吁领导机关："科学问题的决策要多听科学家们的意见，作战装备的需求应该倾听一线作战部队的呼声！"他们的呼声引起了军委和总部机关领导的高度重视，给团队的发展带来了崭新的机遇，加速推动了我国电磁能武器装备的集群式突破和未来作战方式的变革。

2022年6月19日，卢强老师在新闻联播中看到我国自研航母"福建舰"下水，而且采用了团队研制的先进装备，欣喜万分。他用手机给我们发来了一面国旗和一片红心的图案表示祝贺，同时在信息中说："陶渊明有诗曰：凝霜殄异类，卓然见高枝。正好赞创新团队之成就。再贺！再赞！"我们回信息："衷心感谢卢院士30年来的关心、指导、帮助与支持！我们永远忘不了我们课题受到责难时您的仗义执言，我们成果被人们漠视时您的大声疾呼！您为了国家民族利益和国防装备发展，奋不顾身，数易其稿，跟中央领导申请，慷慨陈词，强烈要求国家给我们团队支持！您每年在百忙之中几次拨冗来海工指导，先后10余次主持我们团队课题评审和成果鉴定，给予我们极高的评价与鼓励！我们很多成果都有您付出的心血。您不愧为学术界泰斗、为国为民的科学家，也是我们团队真正的指导老师、恩师！我们团队衷心感谢您！"卢强院士立刻回信息："你的回信我愧不敢当，我当时的上书（古时称表）只是看清了技术和政治问题的中国人必做之事，正好我有这个特殊渠道。我自己常这样想，我这一辈子即使什么事也没有做，做了这件事也值了。彭老总曾经批示：38军万岁！我学习老前辈高呼：创新团队万岁！这大概不为过分吧！我在你们面前也是名学生（老学生），学生卢强敬上。"实际上在我的心里，卢强院士做人、做事永远是我的老师。

……

尊敬的卢强老师！我们永远怀念您！

# 怀念师友卢强先生

◎ 程时杰

程时杰，华中科技大学教授，博士生导师。电力系统专家，IEEE Life Fellow，国家有突出贡献的中青年专家。2007年当选中国科学院院士。长期致力于电力系统及其自动化领域的研究。近年来，积极倡导并努力实践了先进电工材料和储能这一新的研究方向。

卢先生长我 9 岁，

他是我一生的挚友和兄长！

得知先生驾鹤西去的消息时，

正值疫情反复的攻坚期，

我们学校尚未完全开放，

遗憾不能送先生最后一程，

青松垂泪，草木同悲。

至今我的眼帘仍时常浮现起先生的面容：

先生没有离开我们，

他只是学术休假去了远方！

先生的多部电力系统著作，

时时置于我的案头之上：

字字句句犹在耳，

铿锵之声势如虹。

先生一直都在我的身旁，

指导着我的团队茁壮成长！

承蒙近期清华电机系邀请，

让我有机会撰写这篇纪念文章，

追忆缅怀与先生相处的点滴，

聊以慰藉没能送先生最后一程的忧伤！

几度剪烛伏案，

万千思绪难以释怀！

回忆和先生一起相聚交流的时光，

五十余载风与月,

万里征程慨而慷!

先生始终带着我们奋力前行,

是我们这一代人的标杆和榜样,

他引领我们见证了祖国电力系统的发展历程:

从小到大,

从弱到强!

先生身体力行,高瞻远瞩,

俯首耕耘勇担当!

筚路蓝缕,以启山林,

世界难题肩上扛!


曾记得,

20世纪80年代,

万物复苏,春雷乍响,

先生搁浅十年的事业巨轮再次起航!

当时清华三个家庭一间房,

为与星辉赶趁,他时常在深夜搬出两把凳子,

静悄悄地蜗居在厨房里,

刚毅的身影做伴如豆的灯光,

推导公式,激扬文字,

功不唐捐,玉汝于成!

他率先将电力系统与现代控制理论深度融合,

完成了电力行业的新篇章:

《输电系统最优控制》——开辟了新的学科方向!

他成功研制出最优励磁控制器，

显著增加了机组发电量，福惠东方！


曾记得，

1991 年当选学部委员后，

先生驾驶着事业巨轮继续乘风破浪：

进一步将非线性系统微分几何理论，

创造性地应用于大型电力系统，

废寝忘食，呕心沥血，

铸就了该领域的世界首创！

有幸和先生多次交流，

他很少提及过去的成绩和辉煌：

一切过往，皆为序章！

随着 90 年代经济的高速发展，

我国的装机容量日益高涨，

电力系统安全稳定运行即将面临重大挑战！

在祖国电力工业发展的关键时刻，

先生再次率先垂范，

担任了我国电力系统第一个"973项目"首席科学家，

再次酝酿和开拓自己的学术方向！

先生扎根于"电力大系统灾变防治和经济运行的重大科学问题"中，

奠定并建立了我国数字电力系统新理论，

提出的混成系统复合优化控制引领西方，

有力促进了我国电力工业稳定快速成长！

曾记得，

先生主持编撰"现代电力系统丛书"，

我也有幸成为编委会委员，

多次和他深入讨论和思想碰撞。

先生虽进耄耋之年，然其思维敏捷，文采飞扬；

他一直努力推动和完善该套丛书，

期盼中国电力科技能成为世界的引路之光！

先生近年来十分关心储能技术：

他带领团队探索非补燃压缩空气储能技术，

时刻关注我们在电力储能等领域的进展，

希望这些成果能不断丰富新型电力系统的内涵和思想！


曾记得，

先生多次来华中科大传经送宝：

帮助我们梳理学科发展，

叮嘱我们要把特色保留和弘扬！

先生诲人不倦，甘为人梯，提携后学，桃李芬芳；

先生胸襟坦荡，勤学笃行，坚忍不拔，山高水长……

先生已过蓬莱阁，

德范犹香勿相忘。

遥寄此文托哀思，

愿先生治学精神嘉惠学林、激励后学、万古流芳！


以上洒洒千言，感怀深切，近期正值清明时节，先生音容宛在，思之黯然，特填《临江仙》词结之，以纪念先生耳！

## 临江仙·清明前怀念卢强先生

常忆先生温雅风，

丹心如铸为疆。

独辟蹊径"非线控"。

"趋优"竞穹苍，不惧道阻长。


朝枚之年尤忧民，

建言国富民强。

高山景行之风尚。

恩泽九州润，德惠四海芳。


华中科技大学电气与电子工程学院程时杰院士与文劲宇院长、张明书记、徐伟、古晓艳、朱瑞东等老师，以及在学院工作的清华校友曲荣海、蒋栋、杨勇、陈新宇、刘自程、耿建昭和李柳霞等老师一起缅怀纪念卢强院士！

# 向卢强院士致敬

◎ 吴复立

吴复立，加州伯克利大学荣休教授，香港大学原副校长。

2022年12月底的一天，我在台北惊闻清华大学卢强院士去世，一代巨人，半世挚友，静悄悄地走了。先生长我7岁，与我是同辈同行与同事，都是学电力的，又都在电网及电能发展领域中做研究及教育工作。相识40余年，乃写此短文以表敬意。

1979年我在美国加州大学伯克利分校电机系任教，当时工学院葛守仁院长邀请了清华大学高景德校长来访，我帮忙接待。过了几年，高校长邀我赴清华讲课，为期两周，指定第一周分析近年来电力系统科研成功与失败的案例，第二周讨论未来电力系统的发展趋势与科研走向。卢强院士是高校长的得意门生，我有幸相识，互相切磋发现志同道合，我们在学术研究上的合作由此开始。

过了10多年，也就是1995年我去香港大学创办电能系统研究中心，随后担任副校长，乃与先生合作，设立了"清华港大深圳电力系统国家重点实验室"。经由这个单位，创造了一个全国大学教授交流，以及共同培养研究生、博士后和青年教师的平台，为中国培养出一批具有宏观思维的优秀科研人才。

先生——一个清华人，一个世界级的学者，一生献身于电力系统、电网和能源发展的前沿科研和教育。他的老师，他本人及他的学生们，薪火相传，历经数代的努力，持之以恒，为中国，为工程，为全球的能源和环境发展做出了巨大贡献。

回想与先生的相处，深感其为人忠诚，待人谦虚，乐于助人。在此借用文天祥正气歌的一句话来表达我对先生的敬佩之心——哲人日已远，典型在夙昔。先生是一个真正的由中国文化所熏陶培养出来的有良知、有责任感的读书人，作为同辈与同行，先生在我心目中，其功业德行，又岂只限于电学一隅而已呢？

# 追忆我的老朋友卢强老师

◎ 秦化淑

秦化淑，控制系统专家，中国科学院系统科学研究所研究员，现已退休。

去年冬天得知卢强老师去世的消息，我很悲痛。我与卢强老师相识并交往近50年。记得那是1976年的夏秋之变，此时"文革"接近尾声，北京高校正在恢复正常。卢老师到中国科学院数学研究所拜访关肇直先生，说是高景德先生要他来向关先生请教有关现代控制理论的若干问题。那时关先生已带领数学所控制理论研究室年轻科研人员到国防科研多个研究所、基地等商讨合作、普及现代控制理好几年了。关先生让我接待卢老师，见面后他介绍了有关大型发电机组控制方面面临的技术难题，我则介绍了现代控制理论若干新进展，重点介绍了线性二次最优控制问题，他很感兴趣，并说将线性二次最优控制的理论与方法用于发电机及输电系统控制，一定能够提高输电系统稳定性。

思想睿智而又性格坚毅，这是卢老师留给我的第一印象。仅仅5年后，卢老师就出版了他的第一本专著《输电系统最优控制》，这本书在电气工程和自动控制两大领域具有很大的影响力。作为现代控制理论的一个新学者，能在短短的几年时间里以输电系统为背景，系统阐述线性二次最优控制理论，很难想象卢老师到底付出了多大的艰辛和努力。

卢老师并不满足于理论创新，行胜于言是他的又一可贵的工作作风。大约在1986年冬，卢老师邀我参加一个发电机励磁控制新技术的鉴定会（我记得是在太原）。鉴定会上，我方知卢老师已经将线性二次最优控制理论用于大型发电机组最优励磁控制，并将工业装置装设在甘肃碧口电厂，实际运行效果远超原有励磁控制器。那时我打内心由衷地佩服卢老师，不到10年时间从学习新理论到提出新方法，进而做成工业装置用于实际工程，他的科研工作真正做到了"顶天立地"。

1986年的鉴定会后，也由于美国圣路易华盛顿大学谈自忠教授的关系，我与卢老师更熟了。大概在1993年，卢老师把现代控制理论中基于微分几何的非线性系统反馈线性化方法用于电力系统（本身呈强非线性），系统创立了电力系统非线性控制理论。之后，他又带领团队成功研制了非线性最优励磁控制装置并用于东北、内蒙古等电厂，取得比线性最优励磁更好的控制效果，尤其在提高暂态稳定性方面。 1996年以后，卢老师和他的团队再接再厉，将控制理论中的基于微分对策的非线性鲁棒控制理论的原理、方法用于解决复杂电力系统鲁棒控制问题，创建了电力系统非线性鲁棒控制理论，研发了大型同步发电机组非线性鲁棒励磁/调速工业控制装置并用于解决实际系统出现的新问题，如区域电网互联导致的超低频振荡问题等，效果显著，受到电力系统同行高度认可和肯定。

在我眼里，卢老师确实是电力系统值得敬佩的学者和卓越工程师，同时是一位控制领域广受尊敬、名副其实的专家。他多年来把自动控制领域的新理论、新方法不断应用于电力系统并得显著效果，理所当然地受到自动控制界的钦佩和尊重，他先后担任过中国自动化学会控制理论专业委员会委员和顾问等。任职期间，他积极参与并悉心指导委员会的工作，如一年一度的"中国控制会议（CCC）"（前身是"中国控制理论及应用年会"，1994年改名为"中国控制会议"），现在每年参加人数逾2000人。卢老师不仅自己做大会报告，还推荐电力系统领域的知名学者、专家做大会报告。中国控制会议现已成为与欧洲控制会、亚洲控制会议、美国控制会议齐名的国际性会议，他为提高CCC的知名度和扩大影响做出了有目共睹的贡献。早年中科院未设信息科学部，卢老师以他自己在技术科学部的影响力，大力提携和支持控制领域的知名学者和专家申报院士，如陈翰馥、黄琳和郭雷三院士等。他对晚辈更是关爱、扶持有加，如程代展、申铁龙、王龙等。

21世纪初，我有幸参加了清华大学、中科院系统科学所与日本上智大学的科技合作项目。该项目由我国自然科学基金会与日本学术振兴会共同资助，由卢强老师牵头。他带领合作人员（我是其中一员）曾3次赴日本上智大学进行合作研究并访问。他亲自主持双方商谈合作具体课题、分工、日程等事项，亲自指导实验。合作项目结束后，不仅中日双方满意，尤其受到我国自然科学基金委和日本学术振兴会的充分肯定，更为后来几个单位的合作奠定了基础，也为中日双方系统控制与电力系统领域人员的交往起到积极推动作用。

通过我与卢老师近50年的交往，我深刻感受到卢老师身上多种难能可贵的品德值得我钦佩和学习。

## 对学生严格而爱护

1996年，我推荐自己的得意门生梅生伟去卢强老师那里做博士后。初次拜访，梅生伟就感受到卢强老师作为严师的威仪。卢老师用英语与梅生伟交流，并让他用英语介绍自己的博士论文工作，这让梅生伟大为紧张和感慨。卢老师因材施教，针对梅生伟的专业特点制订了科研攻关方向和工作计划，从此梅生伟开启了电气工程领域的新征程，一直在他的指导下开展工作。据我观察，卢老师也一直将梅生伟视为他最得力的助手，信任有加。他的团队的若干重要工作，如励磁工业装置、大电网安全技术、压缩空气储能等，他均放手让梅生伟组织实施。在他的悉心培养下，梅生伟如今已成长为电气工程领域卓有影响的学者。我常常感慨，我和卢老师科研合作50年，最好的合作成果即是培养了梅生伟。

类似培养梅生伟的例子还有很多，如刘锋、马进、王玉振、席在荣等，无一不倾注着他的关爱和栽培。

## 对科研的精益求精

卢强老师对科研的追求可以概括为精益求精。他所研制的线性最优励磁控制已经取得了良好的效果，但是他仍然对线性假设不满意，于是才有了电力系统非线性最优控制理论的诞生。按说到此已经非常完美了，然而卢老师不断审视自己的工作，继而发现电力系统中的不确定性在非线性最优控制中并没有涉及。终于，功夫不负有心人，他又成功将基于微分对策的鲁棒控制理论与电力系统抗干扰控制相结合，于是创建了电力系统非线性鲁棒控制理论。从1976年他与我讨论线性最优控制，一直到2008年他的电力系统非线性控制学获得国家自然科学二等奖，卢老师在长达30多年的时间里锲而不舍，持续攻坚，诚属难能可贵。

## 对应用的锲而不舍

卢强老师不仅是一位理论功底深厚的科学家，更是一位脚踏实地的实干家。他对理论的思考和理解如此深邃，或许跟他一直致力于将其应用于实际工程解决实际问题有关。在完成理论推导和仿真，甚至出版专著之后，他还会孜孜以求地推动理论成果的落地。早年我做过多项军工项目，深刻认识到研制实际装置和做现场实验之难，一点不比从事基础研究轻松。卢老师用实际行动恰恰证明了理论创新与实际应用相互促进的辩证关系：正是这些实际的应用工作才真正验证了理论的价值，反过来也推动了理论工作的发展。

光阴荏苒，岁月如梭。卢强老师孜孜以求的科研精神、儒雅谦逊的品格，现在只能在回忆中找寻了。

谨以此文纪念我敬佩的老朋友卢强先生！

# 追思卢强老师

◎ 胡晓明

胡晓明，瑞典皇家理工学院（KTH）数学系教授，
优化与系统理论实验室主任。

　　卢强老师是一位在控制领域和电力系统领域取得卓越成就的学者。他的思想和方法，不仅在学术研究中影响深远，而且在实践中也被广泛推广。卢强老师为中国和瑞典两国的学术交流做出了巨大的贡献。他曾多次访问瑞典，并且是瑞典皇家工程科学院的外籍院士。他的离世给学术界带来不可估量的损失，但他的学术思想和贡献将永远被我们铭记。

　　和卢老师最后一次见面，是在科学院系统控制重点实验室的学术委员会年会上。午饭时我跟卢老师坐在一起，照常有说不完的话。此后因疫情的原因一直没有回国，不想跟卢老师竟成永别。

　　我和卢老师第一次会面是在1984年。当时因为办出国手续的需要，父母亲托人找到一位清华的老师帮忙，由我上门递交相关材料。多年后偶尔跟卢老师谈起此事，不禁相顾而笑：原来是你啊！

◎ 卢老师率团参加第一届中瑞控制会议时在中国大使为双方代表举行的招待会上

卢老师是我尤为敬重的学者和长者，不仅是因为他的学问，也是因为他的品德和人格魅力。他有着传统知识分子的精致，也有着待人处事的细致。记得在他率团来斯德哥尔摩参加第一届中瑞控制会议期间，我开车带大家出行。有人请卢老师坐后座，卢老师马上说，胡晓明开车我必须坐前面，否则不礼貌。

此后，卢老师和我多次互访。当然，我去清华的次数更多。我跟卢老师熟悉后，每次见面都觉得很亲切。卢老师访问瑞典时曾到我家做客。记得饭后我们到湖边散步，海阔天空，无话不谈。控制界有不少朋友对我说，你跟卢老师是忘年交呢。有卢老师这个忘年交，是我的荣幸。

◎ 卢老师在第三届中瑞控制会议的招待会上

◎ 卢老师在斯德哥尔摩近郊湖边的留影

　　现在疫情已过，此时坐在回国的飞机上，真是不胜感叹。卢老师，还有我的父亲、岳父，都在疫情的最后关头离开了我们，就差几个月而不能重逢。

　　谨以此文纪念我的忘年交卢强院士。

# 亦为师长亦如兄

## ——追思卢强院士

◎ 程代展

程代展，1946年生，清华大学本科，中科院研究生院硕士，美国华盛顿大学博士。中国科学院数学与系统科学研究院研究员（返聘），EEE Fellow、IFAC Fellow、中国自动化学会首届会士，曾任IFAC理事及IEEE CSS执委，中国自动化学会控制理论专业委员会主任。曾获国家自然科学二等奖2次，IFAC颁发的其旗舰杂志Automatica2008—2011最佳论文奖，中国科学院个人杰出成就奖（金质奖章）。此外，还获得省部级一等奖2次、二等奖5次、三等奖2次。

去年12月23日，我从清华老六届群里第一时间得知卢强院士逝世的消息，震惊之余，一股难以名状的锥心之痛涌上心头。当时正是新冠肺炎疫情肆虐之时，自己也在发烧、咳嗽、腹泻的反复折磨下艰难挣扎，心虽念之，却难以表达，甚至连只字片语都无法写下。与卢老师相知相交40年了，这40年来，无论是在远隔重洋的异国他乡，还是在项目攻关的并肩战斗中，卢老师始终是我最敬重的师长、最可信赖的朋友。多少往事并不如烟，不思量、自难忘。

## 一、异国他乡校友情

1983年秋季，是我在美国华盛顿大学攻博的第四学期。听谈自忠教授说，系里要来一个访问学者，是清华大学老师，还说他曾是高景德校长的

◎ 卢老师年轻时在华盛顿大学与几位留学生的合影

研究生，这人就是卢老师。那时学校里从大陆来的学生、学者还不多，他到了之后，大家很快就熟了。卢老师虽然比我们大几岁，但他为人随和大方，很快就融入了这个留学生群体。特别是得知我也是清华出身，又是系统所关肇直所长的研究生，更多了几分亲热。那时的"文革"影响尚在，称"老师"还不习惯，我们都叫他老卢，他则称我"代展老弟"。回国后，我改称他为"卢老师"，而他却始终不变，见面就叫我"代展老弟"，言谈之中，时不时冒出"你老弟……"。

我们系是"系统科学与数学系"（systems science and mathematics，SSM）。卢老师到我们系，主要是奔着系主任Zaborszky来的。Zaborszky是美国工程院院士，专业是电力系统控制，是我们系的创始人。那个时期是非线性系统几何控制理论的黄金年代，控制学界几乎人人都对它趋之若鹜，Zaborszky也开始用微分几何方法研究电力系统的控制问题。罗马大学的Isidori教授是国际非线性系统几何控制理论的领军人物之一，那学期被请到我们系讲授研究生课程"非线性系统的控制理论"，我们系里的研究生大多选修了这门课，而卢老师和系里几位教师包括谈教授也去旁听。我因为修过两学期数学系研究生课程《拓扑学，1-2》，接着又修了两学期《微分流形与黎曼几何，1-2》，有较好的数学基础，学得比较轻松。卢老师没有这些数学准备，开始有些吃力。但他不但刻苦，而且表现出极强的自学能力。那时他经常找我讨论，让我给他解释一些微分几何的基本概念。在科学知识面前，他从不好面子或摆架子，实事求是，谦虚好学，而且他有超人的理解能力。他总是努力把几何控制理论中的方法与电力系统的实际问题联系起来，他的许多工程解释让我受益匪浅。Isidori 教授的那门课，开始了我的导师谈教授和我对非线性控制理论的研究，也是卢老师探索电力系统非线性控制的起点。卢老师是"国内外公认的现代电力系统非线性控制学科的开拓者和奠基人"，而我见证了他在电力系统非线性控制学科初创时的刻苦、艰辛和献身精神。这门课我得了A+，而且与 Isidori、谈教授一起，完成了一篇论文。学期结束后，Isidori邀请我访问了罗马大学，这是后话。卢老师虽然是我的老师辈，但那段时间，我们更像朋友或哥们。我们经常一起打网球，喝啤酒，吃冰淇淋，每逢周末，还一起骑着自行车去购物，逛二手市场……

我毕业前，卢老师受到美国另一高校的邀请，就离开华盛顿大学了。临走前他单独找我聊了一次。当时他极力劝我毕业后回国，回清华。他说："非线性系统几何控制理论是一个新方向，现在国内还没有这方面的研究，你又学得这么好，回去必定会开启一个新的方向。"当时周围的同学虽然不明说，但想方设法准备留下来的多，而我由于社会活动能力差，又在学术上过分自信，确实倾向于回国，想把我学到的新东西介绍到国内，打出一片天地。他听后很高兴，很支持我的想法。我提到自己准备写一本关于非线性系统几何控制理论的书时，他对我说，写这本书很有意义，他认识科学出版社的编辑，愿意为我推荐。第二天一早，他就交给我一封信，信封上收信人的姓名地址都写好了。他说："科学出版社离中关村远，还不好找，你只要把这信邮出去就行了。"我回国后，就是用他的推荐信，联系上了科学出版社的李淑兰编辑，从而顺利出版了我平生最早的一本论著《非线性系统的几何理论》（1988）。

## 二、创新路上的开拓者

因为种种原因，我后来返美且在美国浪迹多年，1996年我最后一次回国。势异时移，此时的卢老师已脱颖而出，科研团队庞大，成果丰硕，是名满国内外的院士了。而我，因长时间脱离科研一线，急需一个抓手重返科研战场。这时的系统所控制室，非线性控制这一块是由秦化淑老师负责，有洪奕光、梅生伟（博士生）等实力雄厚的年轻人。卢老师早年研究电力系统线性最优控制时就与控制室及秦老师有合作关系。在秦老师建议下，我们一起拜访了卢老师。在卢老师的启发下，我开始以电力系统为背景研究非线性控制系统的哈密顿实现与耗散系统的优化控制。这些研究工作得到卢老师的许多指导和帮助。相关的一些结果，譬如多机系统的哈密顿实现等，得到国内外学者的好评。2008年，我和洪奕光、席在荣、王玉振因为这些工作获得了国家自然科学二等奖。梅生伟博士毕业后到清华跟卢老师做博士后研究，卢老师团队当年也获得了国家自然科学二等奖。我的学生席在荣、王玉振都先后到清华，跟卢老师等做博士后。这些合作，为我们提供了科研背景，是我们获奖的必要条件。

大约是1998年的一天，我在五道口商场旁偶遇卢老师。他拦住我，就问我一个关于非线性控制系统零动态的问题。这让我大吃一惊，我脸上有点讪讪地对他说，"零动态"这个概念我是刚从他口里听到的。于是，反倒是他向我解释了半天，什么是零动态系统。为了弄清这个问题，我开始研究中心流形理论。孰知，非线性系统的局部稳定性可以由它的雅可比矩阵决定，雅可比阵稳定（全部特征值均有负实部），则系统稳定，雅可比阵不稳定（有特征值有正实部），则系统不稳定，那么，临界的情况（特征值含有零实部）会怎么样？这就是中心流形理论要解决的问题。

中心流形显然是由非线性系统的高阶项（非线性项）决定的，于是，能不能将非线性映射的高阶项用矩阵表示就成为问题的关键。这让我强烈地感觉到，要解决非线性系统的设计问题，多线性映射的矩阵表示是关键。这其实是我们后来研究"矩阵半张量积"的最初冲动，并慢慢地在我头脑里形成了这种矩阵表示及其运算的一些初步设想。

我把这些设想在和卢老师的联合讨论班上提了出来，我认为这种表示和运算可以直接用来计算非线性系统控制的微分几何方法中所需的一些几何结构，如向量场的各种李导数与张量场的数值计算。几次讨论之后，得到卢老师的认可和大力支持。于是，由卢老师和我共同负责，在1999年申请到了一个国家自然科学重点项目："电力系统鲁棒稳定控制代数化几何方法及工程应用"。所谓代数化几何方法就是要用矩阵半张量积的方法进行微分几何控制理论中的几何结构的运算，从而使之便于用计算机实现。

手头有一本卢老师2000年写的该项目1999年度工作报告，开篇就提到："1999年度本项目分别在卢强教授主持的清华大学电力系统国家重点试验室和程代展教授主持的（团队在）中科院系统研究所进行研究。每阶段的研究成果双方以研讨班的形式进行交流，体现了学科交叉性，致使研究工作取得了一系列有价值的成果，同时开拓了一些看来前景很好的新的研究方向。"这大体反映了当时的研究情况。特别值得一提的是，报告附录中给出矩阵半张量积的系列（五篇）预印本，这是目前发现的关于矩阵半张量积的最早记录。

随后，在卢老师主持的电力系统国家"973项目"中，我参加并担任了专家组成员和一个子课题的负责人，继续研究矩阵半张量积方法在电力系统中的应用。在这个过程中，矩阵半张量积的理论和方法逐步发展和完善起来了。

为了扶持矩阵半张量积的发展，那时已经成为卢老师团队主力的梅生伟不仅身体力行，并且在组织和协调合作研究方面起了很大作用。卢老师还将他的博士生马进直接派到系统所交给我带。随后，他的博士刘锋跟我做了博士后。马进、刘锋都为矩阵半张量积的发展和在电力系统中的应用做出了很有价值的贡献。2010年，梅生伟、刘锋、薛安成，出版了一本专著《电力系统暂态分析中的半张量积方法》，系统介绍了矩阵半张量积在电力系统中的应用。中国科学院程时杰院士在为该书写的序中指出："中国科学院程代展教授创立了半张量积新理论，同时在一般系统稳定性理论方面取得突破性进展；梅生伟及该书另外两位青年作者在此基础上，成功地将半张量积理论应用于电力系统暂态稳定分析，开辟了电力系统暂态稳定分析的一条新途径。程代展教授与卢强院士、梅生伟教授多年来一直在电力系统非线性控制领域精诚合作，该书主要内容是他们在20世纪90年代创立非线性电力系统几何结构理论之后取得的又一个里程碑式的工作成果。"

卢老师对矩阵半张量积的评价和期望都很高。他在我70岁生日时曾写了一纸贺词："在数学无垠之洋海中何止星火万盏！然其中有一由君点燃，深信总有一朝它能成炬。卢强为代展弟七十生日祝于清华园，丙申年夏。"现在，或可告慰卢老师英灵的是，经过20多年的努力，他参与开创和鼎力扶持的矩阵半张量积理论已经得到国内外学术界的高度承认。我（和学生齐洪胜）在 2014年因为此项工作再度获得国家自然科学二等奖，我自己在2015年获得中国科学院个人杰出科技成就奖金质奖章，我与齐洪胜相关论文获得国际控制联合国（IFAC）颁发的其旗舰杂志*Automatica* 2008—2010最佳理论／方法论文奖，为迄今华人学者唯一获该奖论文。现在国内有超过70个院校或科研单位有学者从事矩阵半张量积及其应用的研究，包括：清华大学、北京大学、山东大学、南开大学、同济大学、 浙江大学、上海交通大学、哈尔滨工业大学、大连理工大学、中南大学、西北工业大学、香港大学、香港城市大学、澳门大学等。国际上，有40多个研究团队，分布在20多个国家的学者参与基于矩阵半张量积的研究，包括：意大利、以色列、日本、南非、新加坡、美国、英国、德国、俄罗斯、澳大利亚、沙特阿拉伯、泰国、巴西、韩国等。这是由中国学者提出的、目前仍由中国学者主导的一个崭新的学科方向，它正以日新月异的变化飞速发展着（相关情况可见 Google 学术或百度等）。相信总有一天，它会成为中国人的骄傲！

## 三、中瑞学术交流的使者

卢老师是瑞典皇家工程科学院外籍院士，他和瑞典控制学者的友谊，多少与我有点牵连。这事，还得从我与瑞典学者的过往说起。

2001年中，瑞典皇家理工学院（KTH）的胡晓明教授来系所访问，因为学术观点相近，我们一起申请了一项瑞典皇家科学院针对发展中国家的合作研究项目。在项目的支持下，我从2002年起连续数年都会去KTH进行合作研究。在那里认识了数学系主任 Anders Lindquist、Wulf 等，他们都是控制界的同行。

一次系里的星期五聚会，胡晓明与我同Anders谈起我们的合作研究情况，Anders很感兴趣，突然说起能否搞一个双方会议。这个想法让大家都很兴奋，胡晓明就开始张罗了起来。我回国后，将这个想法向陈翰馥和郭雷作了汇报。他们跟瑞典都有许多渊源，特别是郭雷，他跟瑞典的控制大师Astrom和Ljung都有过合作，自然很有兴趣，筹备工作就此开始。

我当时是中国自动化学会控制理论专业委员会主任，顺理成章地成为中方实际负责人。双边会议的准备工作进行得很顺利。胡晓明凭着个人跟中国驻瑞典大使馆的良好关系，说动了大使馆，同意由大使出面邀请参会人员到大使馆举办一个欢迎宴会。当然，这跟当时这种活动还不常见有关。

好事多磨，等会议日程定下后，国内学者，包括香港教授和海外华人与会教授都已请妥，却意外出了问题。先是陈老师因为另有一个重要的学术会议，无法参加。到会期临近时，郭雷得到一个通知，科学院有一个重要答辩，作为数学院院长，他必须参加。这时，胡晓明和我都急了，双边会不能改期，特别是使馆的宴会属外事活动，需预先上报和排定的。中方如果没有一个院士参加，大使馆会觉得难看。

◎ 参加中瑞双边会议

情急之下，我就想到了卢老师，他在电力系统控制方面成绩突出，在控制界有足够的影响力。凭着与卢老师的长期友谊，我厚着脸皮出面请他帮忙。事出突然，在说明了情况后，他慨然应允，同意出面帮忙。经过一段加急办签证之类的麻烦事，终于一切都办妥了。第一次中瑞双边会如期召开了。

这次会办得很成功。从一开始，大使馆的宴会就让大家印象深刻。大使很随和，晚宴丰盛。为了满足我们的好奇心，大使还带我们参观了使馆。学术交流也气氛热烈。Ljung 和 Lindquist都是瑞典皇家工程科学院院士，瑞典控制界领军人物，他们都全程参加。卢老师虽是临时决定参会，但也做了一个精彩的学术报告，让大家印象深刻，更是让我这个知晓内情者万分佩服。最后，在一处海滨的宴会厅举行了告别晚宴。席间商定下次会议在中国办。从此，中瑞双边控制会议形成了大致2年一次的常态。

瑞典控制界认识卢老师是从这次会议开始的。卢老师谈吐优雅、举止得体，一副绅士派头，加之学识渊博、为人随和，给瑞典同行留下了很好的印象。Anders Lindquist教授是一位带传奇色彩的人物：他具有皇家血统，他有梵蒂冈大主教颁发的骑士勋章，他是瑞典皇家工程院院士、俄罗斯科学院外籍院士，也是中国科学院外籍院士。也许是惺惺相惜吧，这次中瑞双边控制会议之后，卢老师和Anders以及胡教授都成了好朋友。此后，他们间开始了长期的学术合作。Anders 每次来北京，都要和卢老师、我以及梅生伟等聚一次，胡晓明若也在北京，则更热闹了。除了叙家常，多半会聊到一些学术问题。

Anders活泼开朗、为人热情，对中国十分友好，他从KTH退休后，2011年被聘为上海交通大学讲席教授，这是后话。郭雷和卢强先后入选瑞典工程院外籍院士，他都是提名者与推手。当然，在沟通联系、准备材料等过程中，胡晓明和我都有助力。

2006年，卢老师当选为瑞典皇家工程院外籍院士，他到斯德哥尔摩参加授勋仪式时，我正好也在瑞典。下面是我的一篇日记，就当狗尾续貂的故事吧。

### 2006年10月25日

卢老师被评为瑞典皇家工程院外籍院士，到斯德哥尔摩参加授勋仪式。今晚，Anders请他吃饭，胡晓明和我作陪。地点是一家宽畅的瑞典饭馆，名字叫 Wriksdals Wardshus。刚入座，老板送来两面小旗，一面是瑞典国旗，另一面是中国国旗，带座的国旗往桌面一摆，仿佛成了两国的外交使节会面。

从开味酒和开味菜开始，侍者一共打开五瓶酒，为我们斟了八次酒。这是我第一次知道，每道菜必须配不同的酒。例如，鹿肉和野味要配口重的酒；鲜蘑和蔬菜要配口轻的酒；鱼要配稍带酸味的酒；甜点要配雪莉酒……还有，吃完鱼后，要吃一点略带酸味的刨冰，为的是换口味。分餐，每一样菜一点点，摆在方盘上像一幅水墨画，闲淡、宽松、恬静。不知是在欣赏，还是在品尝。

偌大的厅，只有三四桌有人。每桌一支蜡烛。大家都在细语低声。厅里飘过淡淡的一缕清香，一种静谧、黯淡、幽远的氛围。我们的桌子挨着窗，窗临着海，海湾里的帆船摩肩接踵，船上的灯光与天上的星星在地平线处连成一片……顿感心旷神怡，恍若仙境。

离去的时候，我对Anders说："It is not just a dinner. It is a good experience and a good memory."

## 四、耕耘不辍敢于担当

卢老师虽然学富五车，但仍然一生孜孜不倦地探求新知。一件让我印象深刻的小事是，2003年，卢老师和我们一起到瑞典参加中瑞双边会议。当我在飞机上迷迷糊糊，睁开惺忪睡眼时，却发现身边的卢老师正打开一个小本记英语单词。坐长途飞机的疲劳是人所共知的，而作为一个已经闻名遐迩的院士来说，还能这样刻苦努力地抓紧时间学习真的是难能可贵。这让我真正理解了什么叫"山不辞土，故能成其高；海不辞水，故能成其深"。

卢老师虽已是成名人物，但在学术问题上总是实事求是，从不摆谱，真正是知之为知之、不知为不知。对求知则是虚怀若谷，不耻下问。

◎ 2003年8月，程代展、姚鹏飞、郭宝珠、洪奕光、黄一、方海涛、谢亮亮与卢强（前排右二）、黄捷、丘立在瑞典斯德哥尔摩参加第一届中瑞控制会议

◎ 2008年实验室学术委员会和卢老师交流

◎ 2008年实验室学术委员会会议（卢院士时任副主任）

也许是当年在华盛顿大学的经历吧，他对我的数学知识有一种偏执的"信任"。维尔斯证明费马大定理的消息传出后，他马上打电话给我，问我什么是费马大定理？其实，我哪里懂这个呀？只能把我看到的一些通俗介绍讲了讲。例如，"$n=3$ 早就被欧拉解决了""维尔斯是通过证明谷山-志村猜想成立而间接证明了费马大定理"等科普常识。佩雷尔曼证明了庞加莱猜想后，他又打电话给我。因为电话里讲不清，过几天见面时，他让我仔细给他解析，什么是"紧"，它与有穷维空间有界闭有什么不一样？什么是"单连通"，它跟普通"连通"有什么不一样？什么是"同胚"？其实，我也就懂这些与问题本身描述相关的基本概念。至于人家怎么证明的，我哪里知道？让我十分吃惊的是，卢老师的兴趣怎么会这么广泛？我觉得一个人"聪明"不在于他懂多少，而在于他的理解能力。卢老师是我见过的少有的聪明人，他有超强的直觉和理解力，还有那永不衰竭的求知欲。

◎ 2016年中科院系统控制重点实验室学术委员会会议（卢院士时任学术委员会委员）

◎ 2018年学术委员会会议（卢院士时任学术委员会委员）

◎ 2018年学术委员会与会人员合影（卢院士时任学术委员会委员）

　　托尔斯泰说过："一个人就像一个分数，他的学识、能力是分子，而他对自己的估计是分母。分母越大，分数的值就越小。"卢老师不仅学识渊博，潜心治学终生不渝，而且行事低调，怀瑾握瑜而又谦虚谨慎。桃李不言，下自成蹊。这大分子小分母造就了他成功而令人心悦诚服的人生！这也让我明白了清华校训"自强不息，厚德载物"潜在的内涵。卢老师，您永远是我心中的楷模！

# 胸怀国之大者，情系盐穴利用

## ——追思中盐集团的良师益友卢强院士

◎ 李耀强

李耀强，中国盐业集团有限公司党委书记、董事长；中国盐业协会理事长。他带头落实国家盐业体制改革，推动盐改后新的行业秩序逐步形成；践行健康中国减盐行动，代表全国盐业发出减盐倡议，大力推广使用低钠盐；主导发展盐穴资源综合利用新兴业务，推动盐行业创造新业态、构建新发展格局；深化中盐集团改革，实现企业从扭亏脱困到"十三五"以来经济效益6连增的飞跃、走上高质量发展之路。

卢强院士是我国著名的科学家、教育家，于我而言，卢老同时是一位胸怀"国之大者"，非常睿智、勤奋、和蔼的长者。我对卢老十分敬重，卢老无论是对我还是中盐集团都给予了很大的支持和帮助。

## 一、缘起：在服务国家战略中开始合作

我是在基于盐穴压缩空气储能技术的校企合作中真正认识和了解卢老的。中盐集团是一个传统盐业企业，我国盐业经过多年的发展，已经出现了产能过剩的问题，单纯依靠盐的生产销售无法实现进一步发展，产业亟须升级。对此，中盐集团一直在探寻盐行业如何立足国家战略需要创造新的价值、如何实现高质量发展。卢强院士团队研究的压缩空气储能技术，与盐穴资源综合利用高度契合，在我们看来正是创新盐行业价值的一个方向，由此与卢老开始了合作。

盐穴是井矿盐生产后形成的地下密闭空腔，盐穴压缩空气储能就是利用这个空腔，在电网低谷时将空气压缩到盐穴中，形成高压空气，在用电高峰时把空气释放，推动空气透平发电，把储存的能量转化为电能，从而实现削峰填谷、提升电网调节能力。在当前我国实施"双碳"战略、大力发展新型能源的背景下，作为一种新型储能方式，盐穴压缩空气储能技术意义重大。

最初中盐集团在论证盐穴压缩空气储能项目时，公司内部是存在分歧的。作为传统企业，很多人对盐穴压缩空气储能这项新技术不了解，担心技术上是不是成熟、发展有没有前景。但通过努力，我们内部管理团队最终统一思想，决定采用卢强院士团队的新技术进行这一全新的尝试。然而董事会对于这一新兴领域仍有顾虑、有分歧。在董事会正式表决之前，我说过一段话："在盐穴利用上，我们已经进入一个全新的领域，这个领域是大家都不熟悉的，我们的知识结构、过往经验都不足以支持我们去判断。但是我们

作为决策者不能议而不决，不能回避我们的责任。我们总要找到一个依据，这个依据就是要充分相信中国一流科学家的学识、良心、责任心。"我之所以敢这么讲，正是基于我对卢老的信任、对卢老专业眼光的信任、对卢老团队技术水平的信任。我的这番话引起了共鸣，最后董事会以7∶2的表决结果通过了盐穴压缩空气储能项目建设的决定，项目最终取得了成功。可以说，中盐集团能够走上盐穴压缩空气储能这条创新之路，而且能持续不断地走下去，其间所做出的探索、取得的成就，都是与卢老分不开的。

## 二、收获：盐穴压缩空气储能项目成就非凡

2017年，我们和卢老合作的盐穴压缩空气储能项目在国家能源局立项，成为国家唯一的示范项目，由中盐控股、华能集团和清华大学参股共同建设。在卢老和我们的共同努力下，2021年9月30日，江苏金坛非补燃盐穴压缩空气储能电站发出第一度电，并在2022年5月26日实现并网发电，到现在已经发电超过2000kW·h，在江苏电力系统的调峰调谷中发挥了重要作用。

这个项目的成功具有重要意义。第一，其技术已经达到了世界领先水平，其他国家目前的压缩空气储能技术还需要补燃，因此会产生碳排放，而金坛盐穴压缩空气储能电站是世界首座非补燃式压缩空气储能电站，真正实现了零排放；第二，作为国内本领域第一个项目，积累了一系列经验、参数、技术标准，达到了出标准、出技术、出人才的目标，培养了很多技术能手和专家，为下一步大规模的商业应用推广创造了条件；第三，带动了很多设备制造商新的研发、新的投入，该项目所有设备均为首台套，这也是很多家企业共同努力的结果。从这三个方面来看，该项目确实发挥了示范作用，具有里程碑式的意义。同时，通过项目投产以来这段时间的平稳运行，盐穴压缩空气储能技术也被证实可以进一步推广。我们也将继续推

进卢老的研究成果，目前已经在准备二期工程，促进更大规模的应用。

## 三、感佩：勤奋严谨的工作作风令人肃然起敬

在整个项目推进过程中，我深刻感受到卢老在工作中是一个非常勤奋、非常认真的人。有两件事使我记忆犹新。一次是在2017年12月，金坛盐穴压缩空气储能电站项目刚刚启动，我们一起在金坛参加奠基仪式。当时正值隆冬腊月，天气十分寒冷，卢老不畏严寒，穿着单薄的商务正装，精神矍铄地致辞，和我们一起对项目培土奠基。另一次是2021年9月，储能电站即将发出第一度电，当时新冠肺炎疫情还处在发展阶段，多地处在严格管控之中。卢老克服各种不便，仍然亲自到金坛现场，指导并见证了储能电站第一度电的成功发出。这些细节，也充分体现了他对工作的认真负责和对事业的深厚感情。

## 四、难忘：与卢老的最后一次会面

最后一次见到卢老，是在2022年8月的盐穴储氢项目论证会上。卢老在这次会议上对储氢的利弊、前景做了精辟的分析。会上他说的一段话令我至今难忘。他说："你们中盐集团能够打破常规，开辟盐穴资源综合利用这条新路，这是国之大喜。"这番话对我们中盐是极大的认可和鼓励。还记得散会的时候，我送他离开会场，他深情地拉着我的手说："李总，你们一定要把盐穴这件事情做好。"最后一次见面的情景，至今历历在目。我深切缅怀卢强院士，一定不辜负他对中盐的期望，将继续推动中盐在盐穴资源综合利用领域深耕细作，着力打造盐穴"多能并储"格局，引领行业为服务国家"双碳"战略和能源安全做出应有贡献。

# 追思卢院士——铭心刻骨二三事

◎ 韦化

韦化，博士、教授、博导，国务院特殊津贴专家。曾留学日本国立广岛大学，获工学博士学位，并在该校工学部任教多年。回国后曾任广西大学副校长、教育部实验教学指导委员会副主任委员。

20世纪90年代初的一天，学院领导让我去机场接一位清华大学教授，并在接下来的一周里，请我每天陪同他到报告厅讲学，再到饭堂用餐。就这样，作为一名助教我有幸结识了卢院士。在这朝夕相处的日子里，院士的教诲改变了我的一生，使我受益终生啊！

记得刚下飞机，卢院士便问："为什么邀请我讲学？是想申报博士点吗？"我一脸茫然，因为当时我根本不知道为什么要申报博士点。见状，院士给我解释了博士点与学科建设的关系及其对学院发展的重要性，使我茅塞顿开。卢院士的这一席话，为数年后我们获得博士点埋下了伏笔，奠定了思想基础。

讲学期间，卢院士透露：应日本一所大学的邀请，不久他将赴该校任特聘教授，为期两年。真巧，当时我刚考取了公派留学日本的资格。院士得知后当即表示："你可以申请到我即将工作的大学，也可申请到其他学校，无论如何，我都给你写推荐信。"多么宽广的胸怀啊！就这样，拿着院士的推荐信，我成功地留学日本国立广岛大学。更神奇的是，一年后我通过全球招聘，成为了该校的助理教授，享受了日本国家公务员待遇，这得益于卢院士给予的学术"锦囊"。

讲学期间，卢院士从科学方法的高度，给我们讲述了如何做学问的锦囊妙计："做学问要站在巨人的肩膀上，才能出大成果。这肩膀在哪呢？在数学家最新的成果里。"我问道：如果我们无法理解数学家的成果，该怎么办呢？为此，院士分享了他在美国华盛顿大学的研究心得："当初我看到精确线性化时也不理解，因为涉及的微分几何、李代数等知识都没学过。但是，我坚信只要把全部精力都集中在这个点上，就一定能理解数学家的结论，并将其应用于电力系统。"

怀揣着卢院士的"锦囊"，留学期间，我穿梭于学校图书馆、理学部图书馆和工学部图书馆之间，搞清楚了最新的现代内点理论。两年间，以第一作者身份在*IEEE on Power Systems*上发表了6篇论文，这全凭卢院士的学术"锦囊"引导。

"理论成果再好，毕竟是纸上的东西，而理论联系实际把它应用于工业生产才是更有价值的工作。"卢院士给我讲述了他3个春节都在东北深山老林里的白山电站，做非线性励磁调节器试验的故事。他对学术的执着追求，至今仍历历在目，一直在激励着我。

从日本留学回来，我与卢院士一直保持着联系，他应邀在广西大学设立了院士工作站，指导我们团队进行科学研究。

作为国家211工程评审专家组长，卢院士助力广西大学进入了国家211工程建设高校的行列，推动学校进入了发展的快车道。

作为国务院学科评审组组长，卢院士助力广西大学获得了电力系统及其自动化二级学科博士点和电气工程一级学科博士点。

有一天，卢院士突然给我打电话："我们为上海电网研发的先进能量管理（advanced energy management system，AEMS）系统，需要一个每5秒循环运行一次的实时OPF最优潮流（optimal power flow，OPF）系统。你在IEEE发表的OPF论文与之最为接近，可否为我们开发这一系统？"我解释道，论文里描述的是离线OPF系统，能否在线运行我没有把握。院士似乎感到了我的犹豫，便说："把理论成果应用于电力系统的门槛太高，一般院校很难跨越。若你们抓住机会，与清华一起参与其中，就可以实现大船战略啊！"听罢，我将信将疑，但表示定全力以赴完成这一系统。院士又说："实时OPF系统在后台运行，别人看不见，但我一定会标明它是广西大学完成的。"记得有一次，卢院士为中国高校电力系统自动化年会做主题报告，还专门说明AEMS系统底层的实时OPF由广西大学最优化团队完成。实在令人感动！

由于有了与卢院士团队合作成功的经历，我们信心倍增。紧接着又应南瑞科技薛禹胜院士的邀请，我们把实时OPF系统扩展应用于非洲的苏丹国家电网调度中心和国内6个省级电网。饮水思源，这一点一滴的进步，都得益于卢院士的指导和教诲。至此，我才真正明白院士所说的大船战略是多么高瞻远瞩啊！

记得最近一次到清华大学进行学术交流，卢院士告知："我国小水电站弃水严重，每年弃水电量损失比三峡电站的发电量还多。广西有数以千计的小水电站，你们可以在这方面做些工作。"按照院士的思路，我们申报并获批了1400万元的重大专项资金，完成了180余座小水电站优化运行的示范工程，取得了良好的社会效益和经济效益。遗憾的是，在项目即将完成时，卢院士悄然离开了我们……噩耗传来，我潸然泪下，本想近期择时给院士汇报这一成果，没想到天各一方，只能永远留在心中！

虽然卢院士走了，但他的精神永在，他的英名永存，他的教诲永远激励着我们团队不断进取。我们永远不忘：是他教会了我们如何做学问，是他帮助我们获得博士点，是他助力广西大学进入国家211高校行列。也许，这正是我开篇时所说的受益终身吧！

# 忆卢强院士与四川大学电气工程学院的深厚情缘

◎ 肖先勇

肖先勇，四川大学电气工程学院院长，教授，博士生导师，智能电网四川省重点实验室主任。主要从事电能质量与优质电力、新型电力系统等方向的教学与研究工作。担任CIGRE/CIRED JWG C4.42通信委员，IEEE 超导中国委员会副主席；IEEE高级会员；中国电力教育协会电气工程与电力经济教学指导委员会常务委员，中国电力行业标准委员会委员，四川省电机工程学会理事、学术工作委员会委员兼秘书长、川大分会副主任委员；四川省电工技术学会理事等。

卢强院士是著名的电气工程教育家和电气工程科学家，在电力系统线性与非线性最优控制、电力系统灾变防治、数字电力系统、压缩空气储能等方面做出了举世瞩目的开创性成果，在电力系统得到广泛应用。先生一生高度重视人才培养，为电气工程领域培育了大批优秀学生和青年科技人才，为我国能源电力行业教育、科技和人才培养做出了突出贡献。先生事业非凡，不仅对所在学校学科发展和教书育人倾注毕生心血，同时非常关心包括四川大学电气工程系在内的国家一流大学电气工程学科发展、科学研究和人才培养，先生对我国电气工程高等教育的突出贡献和与四川大学电气工程学科的深厚情缘，永远留在我们记忆深处。

从20世纪80年代中后期开始，卢强院士就多次指导四川大学电气学科发展、科学研究和人才培养，与四川大学李兴源教授、刘俊勇教授、刘天琪教授、肖先勇教授等结下了深厚友谊。2000年10月，国家自然科学基金委员会工程与材料科学部在四川大学组织召开"21世纪电力新理论与新技术"研讨会，先生率领多位基金委电工学科专家来川大交流研讨。会上，先生指出，面向21世纪的电力系统基础理论研究应从电力系统发展需求出发，致力于原发性理论创新和技术创新，建立数字化、形象化和实时地模拟一个真实的电力系统物理结构、技术性能、经济管理、环保指标、人员状况的数字电力系统，实现电力系统状态实时评估、调度运行、控制决策和管理的革新，使我国电力系统成为世界上最安全和经济指标较高的系统。会上还有中国电力科学研究院郑健超院士、电力自动化研究院薛禹胜院士等一大批专家和活跃在电力系统科研教学第一线的中青年学者通过特邀报告、大会发言、自由讨论和青年论坛的形式交流了国际上电力系统科技发展的最新动向、我国电力工业发展状况以及未来的研究方向等信息，就21世纪电力源领域的理论与技术发展趋势以及未来我国电力技术基础研究等方面开展了热烈的讨论，并对面向能源电力行业、扎根西部、服

◎ 2000年国家自然科学基金委21世纪电力新理论和新技术研讨会

务全国的四川大学电气工程学科发展、科学研究和人才培养给予了指导，寄予了厚望。

自那时起，先生与四川大学在承担国家"863""973"和国家重点研发计划、国家自然科学基金等项目，博硕士生联合培养等方面开展了广泛合作，为四川大学高压直流输电、智能调度、智能电网、电能质量等特色学科方向的形成和发展做出了重要贡献。

卢强院士对川大电气学科的发展给予了很多指导，提供了太多帮助。从我老师李兴源教授开始，卢强院士就一直非常关心并亲自指导我们发展，先生是我国电气学科的定海神针，是我们的导师……我亲自接受先生指导虽然不多，但在我心中，先生是导师，是伟大的科学家、教育家，不仅因为他个人的学术成就和贡献，更因为他对晚生们的影响、帮助和指导，因为他推动了我国电气学科发展。

大师飘然去，遗愿化宏图。卢强院士望远思深、孜孜求实的作风，勇于创新和永不懈怠的精神，永远激励我们不断奋进，激励我们做一流科研、育一流人才、出一流成果。清明时节缅怀先生，就是为了把先生的精神发扬光大，为我国高等教育事业和能源电力事业高质量内涵发展做出更大贡献！

# 深切缅怀尊敬的卢强院士

◎ 杜松怀

杜松怀，中国农业大学信电学院原副书记兼副院长，农业电气化与自动化国家重点学科、电气工程北京市一流学科带头人。兼任中国农业大学领军教授、高水平创新团队负责人、电力与新能源发电研究中心主任，国家能源局／国家电网／北京电力公司／中国电科院特聘专家。

2022年12月23日凌晨，惊悉卢强院士不幸因病仙逝，甚是悲痛，难掩伤感和泪水。卢强院士是我国电力系统领域和电气工程学科的巨匠和导航者，在教育教学、科学研究、人才培养等各方面垂范耕耘、为人师表，始终是我们工作、学习和生活中的榜样，我和中国农业大学信息与电气工程学院全体师生深切缅怀尊敬的卢强院士。

卢强院士长期兼任中国农业大学兼职教授，几十年来始终关心和大力支持我校农业电气化与自动化国家重点学科、电气工程教育部和北京市特色专业、能源动力工程学位点的建设，为中国农业大学电气工程学科的高质量发展做出了突出贡献。

我校郭喜庆教授是卢强院士的大学同班同学，毕业那年一位留在清华大学任教、一位分配到北京农业机械化学院（中国农业大学东校区前身）任教。本人1983年大学毕业分配到北京农业机械化学院工作，自此与郭老师和卢老师先后结下了不解之缘。

卢强院士平时为人谦和低调、高风亮节，在学科建设和学术交流方面曾多次亲临信电学院做前沿科技报告和大会主旨报告，多次莅临我校指导学科和团队建设。期间，本人和其他几位团队骨干时常与卢院士及清华大学康重庆教授、鲁宗相教授、李轶文老师等请教和沟通交流，建立了深厚的师生情谊。

卢强院士的不幸离去，不仅是我国电力行业和清华大学的巨大损失，也使中国农业大学信电学院失去了一位可敬可亲的导师。他生前工作、生活的动人场景历历在目，深深留在了我们脑海；他亦师亦友的风范，永远是我们做人做事的楷模。让我们继续传承卢院士的优良传统，努力进取、开拓创新，为祖国的繁荣昌盛和新型电力系统建设做出新的贡献！

### AEMS中的混成控制理论与实践
Hybrid Control Theory and Application to AEMS

卢　强

清华大学电机系，北京

2008年10月25日

卢强院士出席中国高等学校电力系统及其自动化专业第24届学术年会（2008年）

中国高等学校电力系统及其自动化专业第24届学术年会留念

中国农业大学　2008.10.25

卢强院士续聘中国农业大学兼职教授暨交流活动（2015年）

# 追思卢强老师

◎ 王祥珩

王祥珩，男，博士，清华大学教授。在电机理论、电机故障分析及保护等方面有较深造诣。主要获奖项目有：顾毓琇电机工程奖，国家技术发明二等奖。其他获奖项目有：北京市科学技术一等奖，国家优秀科技图书一等奖，"有突出贡献的中国博士学位获得者"称号等。

我跟卢老师都是清华大学原校长高景德老先生的学生，卢老师是1954年入学的，我是1958年入学的，卢老师高我四个年级，是我的大师兄，也是我的安徽老乡。卢老师1959年夏天从清华大学本科毕业，成为清华大学正式从本科毕业生招收的第一批研究生。我们两个人的研究方向不一样，卢老师是电力系统方面的专家，我主要研究电机方向的，所以他的业务情况我不是很熟悉。但是我对卢老师人品十分看重，可以说卢强老师是同辈人当中我最敬重的一个。下面我来谈谈对卢老师的一些印象。

## 一、迎难而上，坚忍刻苦

卢老师研究生期间的题目是关于电力系统控制理论实践研究，当时还没有所谓的硕士、博士学位，毕业后卢强老师就留校成为一名教师。"文革"刚结束时，学校乃至中国科研都比较落伍，高先生询问他对于科研的看法，卢老师说自己国外的文献看得很少，有时候国外的文献看不懂，无形当中的压力很大。在高先生指导下，卢老师迎难而上，下了大力气锻炼自己，提升自己阅读论文的能力、不断学习新理论新研究，通过不断努力打下了雄厚的理论基础，也为数十年的科研生涯找到了起点。后来卢老师去美国留学一年以后，充分吸收外国先进的技术和思想，回国后在控制方面开展了新课题、攻克了科研难题，也在后来获得了国家自然科学二等奖。他数十年如一日，一直保持着这样的品质，才取得了如今的成绩，成为院士，在电力系统线性和非线性最优控制、电力系统灾变防治、数字电力系统、非补燃式压缩空气储能等方面，均做出开创性成果，出版了多部经典学术专著，为我国电力科学技术进步和电力工业的发展做出突出贡献。

## 二、谦虚严谨，求真务实

在二楼有一个卢强院士办公室，70多岁以后他仍每天都来办公室。还记得有一次卢老师专门打电话跟我说，去一趟他的办公室。卢老师每年都会给电机系大一新生讲大课，介绍电机系的发电、电机各方向的研究情况。卢老师讲稿涉及两个电机方面的问题，卢老师是电力系统方面的专家，我主要研究电机方向，因此他特别跟我说："你看一下这两个问题，我说的是否合适，不合适的话你提提意见。"我仔细看了以后，觉得非常合适。卢老师作为一名院士，对于这样一些问题，仍然愿意放低身段，虚心向他人询问意见，可见卢老师对于科研、对于学术是非常认真、谦虚的一个人，我也深深感受到他的谦虚与严谨之美德。

## 三、关心他人，润物无声

同时，卢老师也是一个对身边人很关心的人，很多时候他的关心都是不知不觉、润物无声的。我退休以后到海军工程大学马伟明课题组做客座教授。当时项目最后一次鉴定会，规模较大，邀请了六七十位专家，其中有二十几名院士，我自己也作为受邀专家之一。当时在场院士众多，本以为自己没有发言机会，只需要带着耳朵去听，但卢老师作为鉴定委员会主任点名让我发言。为什么呢？第一点，由于课题的保密要求，只能在学校审阅论文，所以我审阅过十几篇相关的博士论文，对相关技术比较熟悉，卢老师了解事情很仔细，他提前了解到这个情况；第二点，卢老师也想给我一个"表现"的机会，卢老师对人的鼓励都是无声之中，对卢老师的关心我确实深受感动。

## 四、高瞻远瞩，远见卓识

卢老师看问题的角度高瞻远瞩，思想深刻。2022年校庆的时候，恰逢高景德老先生100周年诞辰，我和卢老师都准备了发言。我当时的发言稿主要讲了高先生指导我的时候，治学严谨、科研细致、关怀学生，落点主要在我与高先生的一些故事上。而卢老师的发言稿站位很高，他发言的重点是高先生对我们国家的研究生制度所做出的贡献，重点说明清华大学的研究生制度、研究生院是在高先生当校长的时候建立的。卢老师的站位很高，思考也更深刻，我对他十分敬重，求真务实、宽以待人、业务精湛、谦逊儒雅，这些优秀的品质集中体现在卢老师身上，也成为我们一生效仿的楷模。

# 对卢强老师的几点回忆

◎ 周双喜

周双喜，1966年清华大学电机系毕业，毕业后留校任教，曾任电机系党委书记、电力系统研究所所长。

卢老师既是我的老师，也是我的同事。我想从几个方面谈谈卢老师在我心目中的印象。

## 一、注重课堂教学，讲课生动形象

在我所听过的课中，卢老师的讲课水平应当说是电机系的一把好手。卢老师讲课风格生动幽默、思路清晰、深入浅出，听他讲课在某种意义上是一种享受，听课过程能够自然而然地集中注意力认真听讲，丝毫感觉不到累。我曾听卢老师讲授现代控制理论课，他对于这门课程的思考十分深刻，语言表达能力也非常强，重点突出，这也是我后来一直不断要向他学习的。在我毕业留校任教之后，卢老师曾教导我为学生授课的技巧，他在课上会时刻关注同学们听课的状况，通过同学神态及反应来决定讲课的深度和速度，这一点使我受益匪浅。

## 二、理论联系实际，确保研究成果落地应用

卢老师非常重视理论联系实际。在卢老师做过的很多课题中，如发电机的线性和非线性励磁控制、最优调速器控制、电力系统压缩空气储能等，卢老师的研究思路基本都不是从演算纸上推导出来的，而是在实验室中"摸爬滚打"，不断观察实验发现的，同时所研究的技术也都会经过实验的反复验证，并把验证后的技术用到我们国家的电力系统建设当中，取得了很多特别有价值的成果。例如，当时位于东北吉林的红石水电厂，由于该电厂的发电机通过变压器扩大单元与电网相连接，水电厂处于满发状态向电网送电时会引发系统低频振荡，进而导致发电站退出运行。针对这一问题，卢老师便将他新型励磁控制的研究成果——世界首批"线性最优

励磁控制"应用到红石水电厂。当年夏天东北恰好发大水，在大功率发电的工况下，机组仍然正常运行，没有出现低频振荡事故。东北红石水电厂的供电极限由17万kW提高到21万kW，如按3个月丰水期计算，仅此一座中小型水电站每年可为国家增加供电近1亿kW·h。卢老师非常高兴，作为一名教师，用自己的研究成果在电厂解决一大实际问题，他曾感慨过："自己这一辈子赚了很多工资，可是那一个夏天电厂的收入不知道是它的多少倍。"卢老师的研究方向很明确，他就是想为我们国家的电力系统、电力事业做出自己的贡献，因此他坚持要到工程实际中反复进行试验，我们都知道参与现场试验工作是很辛苦的，对他这样的品质，我十分敬佩。

## 三、重视人才培养，耐心解答疑问

卢老师很重视学生培养，教导出了很多优秀的研究生、博士生，甚至很多优秀的本校老师、其他学校老师。这些学生后来在工程上或是在科研上都取得了很好的成就，卢老师对此特别开心。20世纪80年代初，我曾和卢老师一起带学生到富春江电厂实习，在这一过程中，卢老师和学生一起跟班，引导学生怎么向师傅学习、向实际学习，同时为当地的电厂解决一些理论和实践难题。当时的电厂普遍都采用直流励磁机，但电厂师傅对其中的原理并没有特别清楚的认识，因此就希望卢老师跟他们讲一讲发电机励磁的相关问题。对于这一诉求，卢老师听到后很重视，随后一直很认真地准备，即使是礼拜天我带着学生到周围的瑶琳仙境景点游玩时，卢老师依旧在厂里根据电厂师傅们的需求进行备课。功夫不负有心人，后来授课结束后，电厂师傅都特别感谢卢老师，纷纷夸赞道："卢老师的课讲得最好。"讲授理论知识的同时，卢老师还始终保持对于现实问题的关注，卢老师在带队实习过程中发现发电机的直流励磁机上面的整流子会出现打火花的情况，卢老师很重视这一问题，表示："这一问题情况轻微时也许仅仅是影响发电机性能，严重的话是可能烧掉电机的。"卢老师后来多次和我讨论这一问题，并经过反复观察生产实际情况，最后确认是由于整流子不对称导致电压差，进而出现了打火花的情况。随后便和电厂师傅一起重新调整了整流子位置，准确对中，结果整流子就不打火花了。

对于卢老师的言传身教，无论是学生、电厂师傅都受益匪浅。

## 四、理论知识扎实，专业能力过硬

卢老师工作很扎实，有的时候学生做实验做不出来，甚至其他老师也做不出来，但卢老师能做出来，他对科技上的细节了解得很清楚，这也和他注重理论和实际相结合相关。当时甘肃的碧口水电厂也存在电力系统低频振荡的问题，需要安装电力系统稳定器，其他同学和老师在当地做实验，但怎么也调不好、做不好，卢老师到水电厂却很快就调成了。卢老师为什么能做成其他老师、同学做不成的实验？首先他对理论做到了融会贯通，其次他具有丰富的实践经验，电力系统励磁控制装置如何去响应电力系统的变化这是很实际的问题，要关注很多参数和指标在不同情况下的变化，很多人做实验都是不了解各个参数和指标的意义，但卢老师对这些了然于心。卢老师专业上的过硬能力是与他不断学习、专注新的科学技术分不开的。他在20世纪70年代末补数学基础、学泛函分析，学线性/非线性最优控理论并用于实际，他最早提出建设数字电力系统概念并组织开展这方面的研究，等等，这些都是我们应该向他学习的。

# 天际悬明月　山巅映高霞

## ——怀念我的恩师卢强先生

◎ 梅生伟

梅生伟，中国科学院系统所博士，主要工作领域为大规模清洁储能和新能源电力系统。青海大学副校长兼新能源学院院长，清华大学电机系教授。IET Fellow，IEEE Fellow，中国自动化学会会士，中国电机工程学会会士。基金委创新群体"大型风光发电调度与控制"项目学术带头人，国家储能示范工程"江苏金坛60MW/300MW·h盐穴压缩空气储能"项目首席科学家。获国家科技进步二等奖、国家自然科学二等奖各1项及省部级一等奖12项。

先生是2022年岁末北京最冷的那个冬夜离开我们的。3个多月来，我一直很难接受这一事实。白日尚可，每到夜晚，一闭眼先生即出现在脑海：他在教诲我，他在指点我，他在关心我——先生真的走了吗？

就在先生发病入院的前3天，按照先生与我约定的每月一次的例行安排，我到先生家中汇报并商讨工作。那天先生兴致很高，刚一进门，即询问我的身体状况，说他专门咨询了医生，我吃的药可能不合适，并给我推荐一种新药可以更好地控制血压。随后我汇报了江苏金坛压缩空气储能电站冬季运行情况。金坛电站是先生晚年心血的结晶，当听到我说电站效率已提高至62%时，先生非常高兴，话题就此打开。他谈到与中盐公司下一步的工作设想，谈到我新获的高景德奖。卢老师说："三年疫情结束了，现在可以请客了，你一定要请客呦，只是你不能像以前那样喝酒了……"不知不觉谈话持续了三小时，而平常为了不影响先生休息，我都刻意将时间控制在一个半小时之内。眼看超时太多，我边起身边向依然谈兴正浓的先生告辞，先生稍感突然，一时望着我不语。那天非常特别，我也特意凝望了先生一眼，他双目炯炯，精神矍铄，腰板挺直，完全不像一个八十有六的耄耋老人……这是先生留给我最后的但也是永久的凝固画面。

未曾料仅仅3天后，先生居然生病住院了……

先生真的走了，是上苍不公夺取了本该属于先生的至少一轮的华年。

先生真的走了，我真正感觉到没有了先生，未来的工作和生活是多么的困难。

悲伤、彷徨、迷茫……这肯定不是先生在天之灵愿意看到的。

难道先生还没有教会我如何工作和生活吗？先生无边的智慧、崇高的精神从哪里、在何时，可以追寻、可以缅怀呢？多少个长夜静思，我终于找到了答案——是那一天，在美丽的江南。

2022年5月26日上午9点，江苏金坛，风光旖旎的茅山脚下，中盐金坛公司茅8井现场，国家能源局储能示范工程"江苏金坛60MW/300MW 盐穴压缩空气储能电站"并网发电典礼隆重开幕。这是世界第一座非补燃压缩空气储能电站，举世瞩目。作为非补燃技术的提出者，先生第一位出场致辞。与通常重大工程开、竣工讲话风格不同，但与先生特有的激情澎湃、迭有新意的演讲风格一致，先生声情并茂地诵读了17岁的卡尔·马克思在特里尔中学毕业时的一段名言："如果我们选择了最能为人类而工作的职业，那么，重担就不能把我们压倒，因为这是为全人类做出的牺牲。"先生以少年马克思的这段话作为开场白，刹那间将典礼现场气氛推向高潮！ 这是10年来先生带领团队为解决大规模清洁物理储能难题迎难而上、砥砺前行的心路历程，更是先生毕生为国家、为人民服务从事科教工作的智慧源泉和精神写照。

我第一次见到先生是1996年3月16日，当时我即将从中科院系统所博士毕业，我的导师秦化淑研究员与先生系多年至交（早在1978年，他们在线性最优控制方面即有深入的科研合作）。当秦老师得知先生结束了在日本九州工业大学2年的客座教授任期业已回国时，随即推荐我到先生门下做博士后。跟先生约定的时间是下午2点，一进办公室，先生起身相迎，寒暄问询。与之前我脑海中科学家的印象不同，先生仪表堂堂，姿态威严，一望便心生敬畏，我很担心自己是否能入他的法眼。先生首先让我用英语汇报一下博士论文的主要工作，听完后指点道："你的研究方向是复杂系统非线性鲁棒控制，而电力系统是最复杂的工业系统。你进站后，可在复杂电力系统控制这一交叉领域进行探索。"随即他又说我不是学电气专业的，应该下大功夫补习电气功课。他向我推荐了国际著名电力专家Y. N. Yu的名著*Power System Dynamics*。当我表态一定努力补习电气专业知识时，他的回应让我醍醐灌顶，受益终身："你不用想着立刻转变为一位专业的电力科技工作者，没有必要也不可能。你要发挥你在数学和控制理论方面的专长，在电力与控制交叉点开展研究工作。譬如，大型同步发电机组励磁和调速控制器的设计问题，如果考虑系统的非线性特性，则可转化为一类二次偏微分不等式的求解问题，这个不等式叫Hamilton-Jacobi-Issacs不等式，目前还没有一般的解析求解方法。以后你的博士后研究可以聚焦于此，我相信你一定会有所突破。"听了先生的指点与鼓励，加上我曾经系统学习过Hamilton-Jacobi-Bellman方程（Hamilton-Jacobi-Issacs不等式是其特型），我悬着的心终于落地了，旋即对即将开始的博士后生涯信心大增。以后我10余年的科研工作，完全围绕先生指点的方向展开，可以说主要凭此方向的工作业绩破格升教授、获杰青，当选长江学者，此为后话。

那天的先生让我体验了传说中的望之俨然，即之也温，听其言也厉的古之君子风范。也正是从那一天起，我正式成为他的弟子，这个弟子一做即27年，没有毕业也不想毕业，更不能毕业。我听他授课、演讲，跟他上至高端论坛，下临基层场站，多少次谆谆教诲，多少次促膝谈心……先生之风，山高水长，虽不能至，然心向往之。是的，追随先生近30年，我有足够的机会和时间了解先生的奋斗历程，领会他的崇高精神，学习他的高洁大德。

一切还是从先生的求学历程开始吧！

## 一、多彩传奇的求学历程

1936年5月19日，先生出生于南濒长江、北依巢湖的皖中无为县。先生出身可谓书香门第，父亲是民国时代之江大学经济系高才生，外祖父是牛津大学经济学博士，深受当时的民国高官宋子文的赏识，回国后即任英美烟草公司第一任总裁。优越的家庭环境加之祖父两代非常重视文化教养，使得先生从小就有机会获得很好的教育和培养。

先生的幼儿园和小学前半阶段是在上海外祖父家度过的，那是一段幸福和快乐的幼年时光，从小就聪敏好学的他，在儿童时期就显出过人的学习天赋。但好景不长，随着1941年日寇铁蹄蹂躏租界，先生被迫随全家千里辗转避难，最后单独随祖父母避居于大别山区一偏僻小镇。幼年的先生目睹了日寇侵略带给中国人民的苦难，虽然他自己被剥夺了良好的学习环境，却更坚定了勤奋上进的学习之心。在大别山区，学习生活条件异常艰苦，黄草纸印的书本，灯草加菜籽油如豆的灯光……先生单独与祖父祖母在一起生活，学习生活完全自立。他更加刻苦努力，每次考试均是头名。他还记得当时的语文老师家境贫寒，可只要谁能从语文课本的第一课背到最后一课，老师就会奖给笔和本。先生当时每学期都能得到这位贫寒的语文老师抽用他自己本来就少得可怜的生活费买的奖品，这位老师的高尚师德在他幼小的心灵里留下了不灭的印象。

抗战胜利后，先生来到南京上初中。南京素有六朝古都之称，自古以来就是重要的文化教育中心之一，其深厚的文化底蕴为先生的人文素养中注入了开明、诚朴、博雅的气息。随着家庭的迁徙，先生来到芜湖一中就读高中。上学的城市不停在变，不变的是先生每次考试均名列榜首的优异成绩。当时，先生经常同他的几位同学坐在江边，望着落日，把脚放到波浪起伏的江水中，畅谈各自的理想。一次课上，老师讲述孙中山先生有着在长江三峡建水电站的理想，这深深印在了先生心中，成为一个令他为之激动的梦想，梦想着看到长江上出现一系列水电站，并以此为志。1954年，是先生的高考之年，而那年南方发大水，先生在备考之际心系水灾，并毅然报考清华水利系，决心倾毕生之所学，顺天下之江河。从高考考场出来后，他即报名投身抗洪救灾之中。不久之后，人民日报上刊登了高中清华的学生名单，先生赫然在列。由于当时家境窘迫，先生被迫提前来清华报到。一路劳顿，到达清华南门时，已值傍晚，饥肠辘辘，身心俱惫。正当他因提前到校无法进入校门、彷徨无措之际，恰遇时任清华教务长钱伟长先生散步至南门。钱先生一眼就看见了这个窘境中的少年，热情询问情况并将先生引至校内安排好食宿。多年以后先生每每给他的学生谈及此事，对一代大师钱先生的高风亮节感激之情溢于言表。事实上，在他的学生眼里，先生作为清华又一代大师也许与钱先生的那次相助有关，至少从先生身上可以感受到那一代清华大师的风范。

先生入学后，得知自己被分配到电机系，而未能就读于水利系让他倍感失望，兴修水利、化灾为福的愿望似乎搁浅了。然而，虽然与水利之路失之交臂，但电力理想的方舟则开始扬帆启航。从此，先生在清华大学开始了他近70年波澜壮阔的学习、工作生涯。

1959年夏，先生以优异的成绩于电机系本科毕业。恰逢清华大学招收第一批研究生，先生幸运地成为高景德先生的第一位研究生弟子。高先生是20世纪50年代第一位获得苏联博士学位的中国留学生，在电力系统和电机学两大领域业绩卓著。当时我国正值社会主义建设高潮，远距离输电成为拉动国民经济发展的排头兵，而提高输电系统稳定性最有效、最经济的措施是采用先进的控制理论和技术。为此，高先生指导他这位年仅23岁的弟子攻读苏联著名控制专家尼科夫的名著《自动控制理论基础》。先生在以后整整5年的研究生生涯中，反复深入研读这本大部头著作，不仅为自己打下了雄厚的自动控制基础，更为未来数十年的科研生涯找到了起点。为此，先生对导师始终充满了感激之情，常常感慨地说没有高先生的悉心培养，便没有后来的他。

## 二、勇攀科学高峰

　　"攀登科学高峰，首先要瞄准峰顶这个崇高的目标，集中精力；其次要满怀激情，藐视一切艰难险阻，不惧艰险，百折不回，始终不渝地奋勇攀爬，只有如此才有希望成功登顶。"

——卢强

　　在半个多世纪的学术和科研工作中，先生长期从事电力系统控制、大电网安全、数字电力系统和清洁物理储能等领域的研究。先生真正的科研创新工作始于改革开放后的1978年。从那时起，直至他去世的40余年时间里，差不多每隔七八年他即有一项里程碑式的科研成果横空出世。

　　他是国际公认的电力系统线性最优和非线性控制学科的开拓者和奠基人。特别是他在电力系统非线性控制理论及其应用方面的创新使我国成为世界上该领域的先行者，形成了别具影响力的清华学派。他主持研制的具有我国自主知识产权的大型同步发电机组线性最优、非线性最优及非线性鲁棒三代励磁调节器先后应用于东北、华北、华中等数百座电厂，取得重大社会效益和经济效益。他在电力系统线性控制和非线性控制这两个领域的研究工作先后荣获1988年和2008年国家自然科学二等奖。作为一名在工程领域的科学工作者，能在自然科学领域两获殊荣是极为不易的，这也是先生在长达30年的时间里攀登的第一、二座学术高峰。

　　进入20世纪90年代，先生意识到随着三峡电站的建成将形成全国性联合大电网，同时他又注意到美国等国电网频频发生灾难性大停电事故的事实，及时提出了我国电力大系统灾变防治重大科学问题，由此催生了国家首批"973项目"的立项和实施。作为首席科学家，先生组织和协调国内乃至国外各大学及科研机构围绕电力系统安全和经济运行开展原创性的科学研究。与此同时，他还首次建立了电力混成自动控制理论及工程实现方案，应用于东北500kV电网、上海和深圳电网。该项目首次在网、省、地三级电网实现了电力系统的质量、安全和经济多重目标优化运行的理想。通过实施"973项目"，先生领导建立了数字动模、电力网格实验系统、A-EMS（先进能量管理）、电力电子和高电压工程等一批具国际领先或先进水平的实验平台。由于"973项目"如期高质量的完成，作为首席科学家，2004年先生荣获科技部颁发的金牛奖。

但先生并没有停留在这个他非常珍重的荣誉上，而是持之以恒地指导团队创建了互联电网脆弱源和高危故障路径快速辨识技术以及连锁故障在线主动阻断技术，构建了世界首个交直流混联输电系统灾变主动防御系统，成功应用于我国西电东送主要输电通道，保障新能源输送功率1.4亿kW以上，荣获2018年国家科技进步二等奖。这一工作为20年前先生提出我国电力大系统灾变防治重大科学问题画上了一个完美的句号。这是先生在整整20年时间里攀登的第三座学术高峰。

也就是在主持"973项目"的1999年，先生作为电气工程专家，同时作为自动控制专家，他深刻洞察了电力系统作为物理-信息耦合系统的本质属性，由此先生提出了极具前瞻性的数字电力系统先进理念和创新理论。2000年，他独立撰文在《电力系统自动化》介绍数字电力系统（DPS），文中指出"数字电力系统要将实际运行的电力系统物理结构、物理特性、技术性能、经济管理、环保指标、人员状况、科教活动等数字地、形象化地、实时地描述与再现"。先生所提数字电力系统并不仅仅是电力系统运行控制和仿真工具，而是整个电力系统在数字空间中的投影。

数字电力系统思想横空出世，超越了当时电力科研和工程普遍水平，即使放在20多年后的今天，它与当前电力数字化体系、数字孪生技术如出一辙，依然代表前沿的科研和工作方向，依然光彩夺目、生机勃勃。

　　高举先进思想火炬，先生带领他的弟子沈沉、陈颖、王继业、黄少伟等不断发展和完善数字电力系统基础理论和支撑技术。2009年，发展了大型互联电网分布式计算理论和方法，建立了面向智能电网的通用分解协调仿真架构。2011年，数字电力系统理念首次应用于舰载综合电力系统的超实时仿真平台构建，首次实现了舰载综合电力系统的多目标调控。2016年，发布了高性能云仿真平台Cloud-PSS，实现了高性能、可扩展、易分享的数字电力系统原型系统，供全世界上万名科研人员和数百家企事业单位免费使用。2022年，研发了百万节点级新型电力系统电磁暂态高性能超算云仿真技术，建成了完全自主可控的超大规模数字电力系统支撑平台，超越了国外同类技术最高水平，使得我国在大电网数字化建模和仿真技术领域获得国际领先地位。同年，先生毕二十三年之工于一役的数字电力英文专著*Smart Power Systems and Smart Grids*由德国De Gruyter和清华大学出版社联合出版，将数字电力系统思想和理论传播得更加深广。数字电力系统理论及实践无疑是先生攀登的第四座学术高峰。

　　先生对能源电力科技的发展之路始终保持高度的敏感性和深刻的洞察力。进入21世纪第二个十年，我国新能源发展十分迅速，但弃风弃光现象日趋严重。先生深入分析评估了当时电力系统两种主流储能技术：一是抽水蓄能，效率高、容量大、技术相对成熟，但工期长、上下库建设受地形条件限制，同时有蒸发泄漏之虞；二是电化学储能，效率高、反应速度快、建设工期短，但也存在安全、环保及寿命等诸多限制。能否找到一条既发挥二者优势又克服二者不足的储能之路？经过慎重思索，先生将目光聚焦在非补燃压缩空气储能。他认定这是一种大容量、高效率、长寿命、零排放的清洁物理储能技术。那一年，先生已七十有六。谁曾想，这是先生学术生涯攀登的第五座也是最后一座高峰。

　　由于先生的杰出贡献，早在1991年他即当选中国科学院学部委员

（1994年改称中国科学院院士）；2002年当选为IEEE Fellow，这是国际工程界的最高荣誉之一；2006年，当选为瑞典皇家工程科学院外籍院士。

先生还曾担任清华大学电力系统国家重点实验室主任及学术委员会主任、中国电机工程学会常务理事等。他任职期间，清华大学电机系蝉联教育部2003年和2006年高效电气工程学科评估第一名，清华大学电力系统国家重点实验室两次荣获科技部重点实验室评估"优秀"（2003年和2008年）。

## 三、 实现梦想的跨越

"相对于广漠的宇宙，人类是弱小的，面对浩瀚的科学体系，个人力量是微不足道的。现在学科知识体系太庞大了，个人只能在学科某个分支上有些突破。许多科学家是在默默无闻地为社会做贡献。我不怕自己默默无闻，只想实现新的梦想的跨越。"

——卢强

### 1. 以赛跑的姿态踏上学术科研之路

先生热爱体育运动，大学时期担纲电机系足球队前锋，工作以后长期坚持打网球，一直到80岁被医生劝阻为止。

由于长期坚持体育运动，先生常常给人留下一种快速和敏捷的印象。他说，这种快捷是早在中学和大学时代就养成的。正是这种快捷，使他在"文革"十年的学术荒芜后，能够迅速返回自己的科研之路，并以最快的速度一路追寻、一路跋涉、一路突破……

当十年"文革"尘埃落定、玉宇澄清之时，再度启航则面临着无比的艰辛。1978年6月的一天，刚走上清华领导岗位的高景德教授即将先生叫到办公室，询问他关于未来科研工作的想法，先生面对自己无比敬重的导师坦言：感到自己在电力领域已如此落伍，甚至当时国际期刊上别人发表的论文中一些符号都看不懂。无形的压力，使他深感时间的紧迫。导师鼓励先生先从学习新理论入手攻克科研难题。走出导师办公室，先生横下一条心，决心以在清华大学打下的基础理论和科研能力的功底，赶上当时世界的前沿。那时他经常和几位同伴以及年轻的老师夜里两三点钟因系馆大门紧锁而从实验室跳窗而出。由于那时清华教师住房紧张，三家合住一套，每家仅一间。为了不影响家人休息，夜晚他总是搬一把大凳子、一把小凳子在公共厨房里工作。一次，邻居家起夜上卫生间的孩子揉着睡眼问："卢叔叔，老师怎么给您留这么多的作业啊！"先生是一个惜时如金的人，在为学之路上，他一直在和两个对手赛跑，一个对手名叫"时间"，另一个对手名叫"自己的极限"。正是以这样一种科研精神，他与王仲鸿先生、韩英铎先生通力合作，仅用4年时间就在科学出版社出版了他们的第一本专著——《输电系统最优控制》。国际权威人士Y. N. YU在看到这部专著时惊喜地评论道："是世界上第一部把现代控制理论和电力系统动态学和计算机科学相结合的科学专著，必将在世界图书之林中放出异彩。"当时学术界也有人评论："当卢强等人把建立起来的这一电力系统线性最优控制的新学科体系应用到大型电站，产生重大经济效益和社会效益时，他成为我国电力系统线性最优控制学科当之无愧的开拓者和奠基人。"20世纪80年代初，刚刚改革开放不久的我国学术界百废待兴，这部用当时最先进的线性最优控制理论"武装"起来的电力系统控制技术新专著，对广大科技工作者尤其那个年代嗷嗷待哺的青年学子，不啻横空出世，可以说培育了整整一代人。该书荣获1984年国家优秀图书一等奖。

## 2. 锲而不舍获得突破

人类创建了电力大系统，但至今不能很好地驾驭它。各国电力系统因运行的稳定性遭到破坏而引发的灾难性大停电事故不断发生。大型同步发电机组是电力系统的"心脏"，如何通过设计先进的励磁控制器从而保障电力系统的安全稳定运行成为横亘在我国电力工业现代化进程面前的一道难题。

1983年先生和同事们首先研制出了线性最优励磁控制器，并将其安装于四川、甘肃交界的白龙江下游碧口水电站进行试验，结果前几次试验均未能令人满意，在全国励磁控制界引起了一场风波。挫折没有击倒先生，1984年8月，他前往美国华盛顿大学（圣·路易）进修，一方面学习和研究非线性控制理论，另一方面规划着如何把出国前的研究成果用于中国电力系统的实际。如此，在美国华盛顿大学从事非线性系统微分几何控制理论研究的小组里多了一位来自中国的电力专家。他勤奋地工作和学习，很快掌握了这门当时还只有少数人才通晓的理论。那一年先生已经48岁，之前他学习的是俄语，英语对他而言，只是出国前参加了3个月的短期培训，一切几乎从头开始，可以想象先生面临多大的压力和挑战。他给自己定下了两条硬规则，一是每天晚上回家后坚持看电视直至屏幕出现雪花。长时间观看视频，严重损害他的眼睛健康，以致眼底黄斑病变，看东西视线弯曲。二是寻找一切机会和宿舍管理员、餐厅服务员搭讪聊天锻炼口语，应该说先生在语言方面是有天赋的，除家乡话外，早年的经历让他能讲一口流利的上海话和南京话，凭借天赋和常人难以想象的毅力，仅仅1年后，先生的英语突飞猛进！到了什么程度？当时邻近的科罗拉多州立大学需要1名给研究生讲授《最优控制理论》的教授，竞争者众。谁也没想到先生这个才学了1年多英语的中国学者脱颖而出。为讲好这门课，先生还专门为此课程撰写了讲义*Modern Control Theory*。多年以后，先生回忆这段经历仍颇为自得。他说讲授这门课科罗拉多大学给他发了工钱，极大改善了他的生活条件。要知道当时国家给先生这样的进修人员每月仅400

美元，生活较为清苦，有一次生活费晚到了几天，他已经没钱吃饭，迫不得已到咖啡馆喝免费的小盒牛奶。先生后来回国后，即用这部讲义开设研究生英语学位课"Modern Control Theory"，那个年代用英语开课一时轰动校园。2002年，先生正式将这门课程托付给我，但只要时间允许，每学期他一定上第一堂课。自1986年开始的近40年时间里，先生始终关心由他创始的这门课程。那部在科罗拉多大学撰写的讲义，先后8次改版，按先生要求，每次都融入团队最新的研究成果。正是在先生的精心培育下，20多年来"Modern Control Theory"一直稳居清华大学研究生精品学位课之列。

1986年秋，先生在结束美国的进修后，带领吴壬华、陈永亭等3名弟子一头扎到碧口水电站，开始了新的试验。

那段日子里，先生的身体和意志都经历了一场严峻的考验。当时他和研究生住在山上一间草屋里，屋外杂草丛生，屋内阴暗潮湿，以致聚蚊成雷。山上无水，全赖山下河边取水，然后提水上山，坡陡路滑……他们前两次试验也未能避免那令人迷惑不解的振荡现象，很多好心人都劝他不要试验下去了。但先生深信他的理论是正确的，不应轻易让自己几年的心血付诸流水，更不能让中国在该领域继续受制于欧美。有一天晚霞后，为了缓解多日的紧张和压力，先生带着弟子到白龙江边打水漂，同时他审慎思考着设计中的每一个细节。从跳跃水漂交错振荡的涟漪中先生顿悟到了发电机组产生振荡的原因。当试验取得完满成功时，先生百感交集，兴奋异常。他当即下山，跑到最近的一个邮局给导师高先生发电报报喜，电报就4个字：试验成功！这一次试验是他一生科学旅程中成败的关键。如果当时退下来就全盘皆输，该领域的整个中国市场也就被美国几十年前并不先进的技术所独占。

之后，先生和他带领的团队研发的线性最优励磁控制器在中国的西北、东北、西南等电力系统投入运行，输送电力的稳定极限提高了

10%～15%。仅就东北红石水电厂为例，装了这种新的控制器，送电极限由17万kW提高到21万kW，按3个月丰水期计算，该水电厂每年可为国家增加电量近1亿度。

1993年，先生撰写的又一部专著——《电力系统非线性控制》出版。在这部专著里，他把基于微分几何的非线性最优控制理论用于复杂电力系统控制器的设计，被国内外同行称为"新贡献"。他和助手们在IEEE上发表的有关论文成为国际上该领域的开篇文献。继而，先生带领团队把这一先进的非线性控制理论变成了控制装置，研制成功世界上第一台"全数字式非线性最优励磁控制"装置，并投入在丰满水电厂、内蒙古海勃湾火电厂及河南焦作水电厂等电厂运行后经受了各种试验和电网事故的考验，在性能和品质上比20世纪80年代他们设计的线性最优控制装置又上升一个阶梯。进入21世纪，先生再接再厉，将基于微分对策的非线性鲁棒控制理论用于超导储能/交直流输电等现代电力系统等多种场景，并带领团队研发了新一代大型同步发电机组非线性鲁棒励磁和调速工业控制装置和超导储能非线性鲁棒控制装置。2006年12月，先生已年届古稀，不顾我的劝阻，数九寒天亲临东北白山电厂指导300MW发电机组励磁现场试验。他将这些成果系统总结，2008年出版了《电力系统非线性控制（第2版）》，距离此书第1版面世已经整整15年了，锲而不舍，精益求精，这是先生从事科研工作非常难能可贵的品格。俗话说十年磨一剑，先生1978年开始从事同步发电机励磁控制研究，1988年、2008年相隔20年两获国家自然科学奖，先生可谓是三十年磨一剑。

### 3. 献给我的母校清华大学

自1954年8月先生入清华园读书，直至2022年12月逝世，先生在清华大学度过了近70年的时光。先生对清华的爱深入骨髓，沁入心脾。这一切可以从他最珍视的一部著作说起。

1999年6月，国际上最著名的科技出版社之一，美国克鲁沃（Kluwer）学术出版社向先生约稿，希望他能够将关于"电力系统非线性鲁棒控制"的最新研究成果撰写成专著出版。克鲁沃学术出版社一向以严谨、高质风范著称于世，由于其专著出版需经一个由国际著名专家组成的委员会严格审查，同时该出版社对出版物在英文质量、格式和期限等方面有着近乎苛刻的要求（即出版社只提出版条件并判断是否达到要求，编辑打印工作由作者方完成，这一点不同于国内出版社）。因此，克鲁沃的约稿不仅是学术界所珍视的一项荣誉，也是一项挑战。可是，当时先生正担负较繁重的科研、教学和管理任务，同事和助手们都认为他工作繁忙，事务倥偬，难以从时间和精力上保证写书，一致建议是否提出延长出版期限。但先生认为，在国际一流学术出版社发表最新研究成果是中国学者的责任；让"清华大学"标识在世界顶级出版社出版的电力学术专著上，也是对清华教育培养自己多年的一种回报。因此，不但要完成，而且要高质量按时完成，要留给克鲁沃这样享誉世界的学术出版社一个优秀的清华印象。至于精力方面，自己可以再次与那两个老对手——"时间"与"自己的极限"赛跑。

在撰写该书过程中，先生趁一次被邀请讲学的机会，来到黄山脚下一个小镇。屋外风景如诗如画，可谓人间仙境，但他无心暇顾，却得意于此间的宁静和淡泊。先生独处小镇的10余日足不出户，专心致志，凭借深厚的学术素养，思如泉涌，浑然而成了专著第十章——非线性鲁棒控制理论的初稿。这一章内容最新、难度最大，它的完成对其余各章有重要指导意义。

完成难度最大的一章后，先生仍不敢放松片刻。从黄山小镇回到清华校园后，为了集中精力，他避开一切会议和电话干扰，悄悄"躲"进了清华甲所，特意安排我对外只说出国去了，所有改稿事宜通过我联系。为避免熟人相识，只待天黑才出来散步。每当此时我即前来"接头"，拿来当日排好的清样，取走改好的章节，这种活动整整持续了1个月，有点像地下工作者接头，以至于闹出了笑话。某日与他熟识的一位老先生远远看见先生和我在"接头"，待走近时先生已无踪影；继问我时，我因不认识这位老先生故则一本正经地声称卢老师出国开会了，这位老先生满脸狐疑悻悻而去。大概2个月后的一天下午，先生兴冲冲告诉我，他今天为我"平反了"，原来那位老先生中午在照澜院撞见卢老师，一把拦住他说："老卢，你的那个高足梅生伟很不老实……"

先生在清华的那些日子每一天都是夜以继日，进入忘我境界。我至今仍对先生伏案工作的情形历历在目：房间地面、书桌乃至床上都铺满了书稿；书稿上铺满了他用各类彩笔所做的修改，五颜六色，五彩缤纷，宛如一个美丽的科学世界。每个公式反复推演，每段文字反复推敲，每个图表精心设计，一月之间，七易其稿，字字句句都是先生心血凝成！

这本专著确实可以不折不扣地用"心血"二字予以标注，因为，为了这部书，先生付出了沉重的健康代价——书稿将完成时，一向身体强健的他生平第一次住进了医院。那是一个阴天的下午，因两腿浮肿，去校医院。不料在做过心电图后被大夫"扣住"，强制先生躺在担架上办理住院手续。随后赶去的我们才知道，当时医院发出了先生的"病危通知书"！女儿卢梅得知后恍如惊雷、泣不成声；他的学生们心痛不已，纷纷直言要求停止著书、延迟稿期、专心修养……可这些都被先生"顽固"地拒绝了，他坚称自己没有问题，可以坚持，并告诉弟子们："清华的精神是行胜于言，我排除万难按时保质完稿比我费尽口舌解释延期要强上百倍。"因此，当先生左手输液时，就用右手进行写作；甚至右手输液时，还忍着针痛继续写作。此时距合同规定的交稿日期不足半年。当专著终于按时交稿之后，一直咬牙硬挺着完成著作的先生再次住进了医院。令他欣慰的是，*Nonlinear Control Systems and Power System Dynamics*按时正式出版发行，美国华盛顿大学教授T.J Tarn称该专著为"在运用先进控制理论改进电力系统安全稳定性方面的第一书"。美国工程院V. Vittal 院士认为该书"在非线性控制和鲁棒控制方面培育了一个极具吸引力的崭新学科"。

如果你打开这本书，你会发现扉页上那赫然醒目的一行字——"献给我的母校清华大学"。

### 4. 决不让美国大停电事故在中国重演

1991年先生当选中国科学院学部委员之际，科学院发来祝贺信，同事们也来道喜，但他却有点高兴不起来。他认为，自己在学术上对电力系统领域可能有些贡献，但尚未能对我国电力系统安全稳定性的改善产生实际的重要影响。20世纪90年代初，发达国家的电力工业趋于饱和，而我国装机容量的发展速度最快，因此先生认为我国理所当然地应在电力科技方面也走在世界前列。这是他的一个信念，也是他之后一直为之奋斗的目标。

1996年7—8月间，美国西部先后发生两次大规模停电事故，造成的社会经济损失约百亿美元。两次大停电震撼了全世界，各国领导人都进行反思，如何避免本国出现类似情况。时任美国总统克林顿称这两次大停电严重危及美国国家安全。先生当时就清醒地认识到，当时中国的装机容量居全世界第二位，如果考虑即将建成的三峡及西部等一批大型电站，必将成为世界上规模最大的电力系统。因此，如何避免中国出现大规模停电事故成为当时党和国家领导人极为关心的问题。最终，先生被国家从全国数十位电力系统权威专家中选中，担任国家重点基础研究项目—— "电力大系统灾变防治和经济运行的重大科学问题"的首席科学家，由先生组织和带领全国电力系统界的精英，共同研究保障中国电网安全稳定经济运行的方案和措施。这是1998年科技部首次实施"973"计划，是面向国家重大战略需求开展的重大基础研究项目，当年经过整整十轮激烈竞争，首批立项10个项目，先生担纲的项目赫然在列。1998年12月的一天，科技部在人民大会堂颁发首席科学家聘书并在当日的《新闻联播》播出。从人民大会堂回来，手握金闪闪沉甸甸的聘书，先生感到肩上沉重担子的分量，他深知责任之重大，明确提出了"决不让美国大停电事故在中国重演"的目标和口号，带领各子课题专家成员进行一轮又一轮的研究论证。

先生认为，电力作为一个国家的支柱能源和经济命脉，在国民经济的可持续发展中起着不可替代的支撑作用。前事不忘，后事之师，美国西部大停电，中国要引以为戒。美国发生这种灾难性的大停电事故，表明电力系统安控理论和技术的发展远远滞后于电力系统本身规模的发展和复杂程度的增大。此外，中国电网能耗较大，如能在先进的优化运行理论指导下，仅将网损降低两个百分点，则每年可节电400亿度，约相当于年节煤2000万t以及相应的污染降低。基于上述思考，先生敏锐地指出，为解决安全与经济综合优化运行的问题，必须研究电力大系统安全稳定及其调度与控制理论，只有在深厚的富于创造性的理论成果的基础上才能建立中国电力大系统的安全保障和经济运行体系。

先生将该项国家重点基础研究项目的主要目的明确归结为要在研究电力大系统安全稳定和经济运行理论成果的基础上，逐步构建我国电力系统的实时跟踪与决策指挥系统的基础理论、方法和技术体系；最终要在不久的将来，建立起全国各大区域电网及其互联电网安全运行保障体系。经过5年多的不懈努力，在先生和他所带领的项目专家组的共同努力下，项目团队在电力系统新的控制理论及方法、超大规模电力系统实时和超实时仿真、系统的稳定域的理论及其可视化、电力系统安全梯次防御的思想和方法等方面都取得了重大进展。特别是在电力系统稳定性理论和基于Hamilton系统理论的紧急控制、特殊危急情况下的合理解体策略自动形成和实施等方面以及在混成系统复合优化控制方面取得重要突破，领先于世界水平。该项目的研究成果为我国电力系统，特别是为随后几年建成的三峡电力系统和"西电东送"系统安全保障体系的构建提供了科学依据。并且，同时通过该项目的研究，培养了一大批相关基础领域的高层次年轻人才，这是21世纪我国电力工业可持续发展、相关科学领域不断进展的根本保证。

主要由于在科研创新和人才培养两方面的突出业绩，该项目成为后续"973项目"学习的经典范例。从那时至今，作为世界上规模最大、结构最复杂、电压等级最高的我国电力大系统，从未发生过灾难性大停电事故，不能不说是先生和他领导的第一个能源"973项目"做出了重要贡献。

### 5. 节约的能源才是最清洁的能源

进入21世纪以来，以风电、光伏为代表的清洁能源发展迅猛，但是由于风、光出力的波动性，给电力系统的发展带来了新的问题和挑战。先生敏锐地捕捉到这一变化并进行了深入的研究，他发现后半夜的风电、小水电和正午的光伏发电很大一部分都被丢弃了，这是非常可惜和"令人遗憾的"。清洁能源是21世纪最具发展潜力的研究领域，但先生始终认为，"节约的能源才是最清洁的能源"。如果把这些废弃的电能"储存"起来，等到用电高峰再加以释放，可以起到"削峰填谷"的作用，也可以促进清洁能源的消纳。

先生认识到，在当前能源发展的背景下，发展太阳能、风能等清洁能源，一定要配以储能设施。没有储能只能叫刚性电网，有了储能才能变成柔性电网，才能很好地和用户互动，进而达到优化运行的目标。在对各种储能方式进行深入调研、分析和比较的基础上，他最终选择压缩空气储能作为新的研究方向。在先生看来，压缩空气储能是减少弃电、提高可再生能源利用效率的最佳方式之一。在一次采访中，先生曾这样向记者形象地描述压缩空气储能的技术原理："用被弃的电能和低谷电去驱动空气压缩机，把电能转化成空气分子势能存储到一个密封空间里，等到用电高峰时段把这些高压空气释放出来，喷入涡轮机做功，带动发电机发电，这就是压缩空气储能。整个过程其实就是物理变化，基本原理就那么简单。当然，做起来还是有点复杂，要下点功夫。"

先生所说的"下点功夫"是从学习热力学开始的。作为国内电力系统泰山北斗的他，自称为"热力学初学者"，开始研究关于压缩、换热、膨胀的相关理论。针对传统补燃式压缩空气储能效率低、排放高的缺点，先生提出了基于压缩热回收利用的"非补燃压缩空气储能"的技术路线，以实现压缩空气储能技术与国产化设备设计和生产水平的契合，从而降低投资成本、促进压缩空气储能在国内的工程应用。

记得是2012年2月，整整一个寒假，先生足不出户，潜心研读热力学／流体机械相关文献。为了充分验证他的想法的可行性，先生从头开始，手工分析计算空气压缩膨胀流动过程的熵焓，这些工作即使对20岁左右的年轻学子在使用计算机的条件下也是困难的，何况那时的他已年近80岁。1个月后，他拿着沉甸甸的计算分析报告对我说，这个月我得了"伤寒（熵焓）"了，现在"药到病除"。他说的"药"即是这份分析报告。后来的工程实践证明，这份报告构成了整个非补燃压缩空气储能技术的理论基础。

先生深知有了理论上的支持还远远不够。因为先生不仅作为科学家，也是具有丰厚一线生产经验的卓越工程师。他深刻意识到这种储能技术能否成功的另一个关键在于能否由设备生产支撑。为了做到心中有数，他带领我们跑遍了大江南北的相关厂家。鼓风机厂、锅炉厂、汽轮机厂、甚至造船厂……凡是与项目有关的主要设备厂家他都跑遍了。

习近平总书记曾勉励科技工作者要"把论文写在祖国的大地上，把科技成果应用在实现现代化的伟大事业中"。先生正是这一指导精神的忠实践行者，也同样以此来要求团队中的年轻人。2013年，在国家电网公司的支持下，先生带领团队在家乡安徽芜湖开始建设世界上第一座非补燃压缩空气储能工业试验电站，电站于2014年11月成功实现并网发电，储能效率达到了40%， 接近德国Hundorf补燃式压缩空气储能电站42%的效率。之后，团队又在青海大学建成了第二座工业试验电站，经过系统的优化和参数提升，储能效率达到了51%，这与国际上效率最高（55%）的美国MacIntosh补燃式压缩空气储能电站接近。两个试验电站的成功固然让先生感到欣喜，但他明白这距离真正的商业应用和产业化发展还有很大的距离。因此，已是耄耋之年的他，依然带领团队寻找合作伙伴，奔波于能源局、电网公司、设计院和制造厂家之间。在他的努力下，2017年国家能源局正式将"江苏金坛60MW/300MW·h盐穴压缩空气储能电站"列为国家储能示范项目，而主要由于先生的信任，我则担任项目首席科学家。

金坛盐穴压缩空气储能电站于2018年12月25日举行奠基仪式，2020年8月17日进入了主体工程施工阶段，2021年9月30日实现并网发电，2022年5月26日正式投入商业运行。运行半年后，金坛电站储能效率稳定在62%左右，领先世界，功率调节性能优于常规火电机组和抽水蓄能。金坛电站建设和运行的每一个重要节点都离不开先生的身影，每一点进步和成绩都是在他的关心和指导下取得的。回想起这些年从事压缩空气储能的经历，团队里的年轻老师都有些汗颜，"当初卢老师要搞压缩空气储能，我们都不理解。放着好好的电力系统不去研究，为什么要去做热工这个专业的东西呢？如今10多年过去了，研究取得了重大的进展，已经进入产业化实施阶段，国家政策方面也开始大力支持，不得不佩服卢老师的先知卓见和老而弥坚的恒心和耐心"。

金坛盐穴压缩空气储能电站实现了我国在商业压缩空气储能领域零的突破，是全球首座商业运行的非补燃压缩空气储能电站。此外，在先生的关心和支持下，目前由清华大学负责在建的压缩空气储能电站共有8座，总装机1500MW，引领了我国新型储能事业的新发展。这些工作将为构建以新能源为主的新型电力系统提供储能新方案，并助力实现我国"碳达峰、碳中和"目标。

### 6. 浓重的家国情怀

先生曾任中国民主同盟第七届中央常委，第八、九届民盟中央副主席，第九、十届全国政协常委；在任期间，多次就国家大事建言献策。1999年3月，他在全国政协大会上提出的"建设西部秀美的山川"提案，受到时任全国政协李瑞环主席及全体委员的支持与赞赏，当年即已成为国家西部开发战略。实际上，先生之所以能提出如此广受欢迎的提案，是他心系西部、深思熟虑的结果。

行胜于言。两会刚一结束，他即打电话动员正在香港大学做高级访问学者也是他非常器重的太阳能专家赵争鸣教授提前回校组织研究团队飞赴新疆，他们从乌鲁木齐出发，驱车数千里，深入新疆塔克拉玛干沙漠南缘实地调研。千年以来，南疆地区干旱少雨、土地贫瘠，广大少数民族生活困难，但最困难的还是生活用水问题，只能饮用涝坝水，既不卫生，更无保障。先生注意到该地区有丰富的地下水及良好的太阳能资源，如果利用太阳能研发光伏提水技术，不仅克服了边远农村地区不通电力的困难，而且解决了生活生产千年用水难题，一举数得。先生的这个想法得到了时任清华党委副书记陈希同志的大力支持，他多方筹措，资助先生团队24万元，这在当时不是一个小数目。为取得第一手经验，先生带领研究团队首先于1999年在清华大学完成了一个"绿色校园"项目，即在蒙民伟楼前建成一座2.5kWp的光伏扬水照明发电示范小型电站。兹后先生数赴新疆，亲手领导和筹划了清华大学与新疆计委联合项目"新疆和田皮山县太阳能沙漠绿洲生态系统"，经过1年多的持续努力，这个项目于2001年6月圆满完成。项目在沙漠深处的巴西兰干乡奥依托格拉克村建设了5座太阳能扬水与照明综合应用系统，成为新疆乃至我国第一个"太阳能沙漠绿洲生态系统"示范工程，彻底解决了当地老百姓祖祖辈辈没喝过干净水的千年难题并让他们一步跨入了电气时代。村民们朴实善良，喝水不忘提水人，用电不忘发电人，专门在村头自发地用维、汉两种文字为清华大学立碑。此事在当地乃至全国都产生了很大的影响。多年后，每次谈及此事，先生总是深情地回顾陈希书记对他实际上也是对祖国西部的帮扶，感念唏嘘。2002年3月，先生出席全国政协年会，皮山县县长多力坤（音）专门携带1箱新疆最好的和田石榴酒来清华看望和感谢先生。当我告知县长卢院士开政协会不便回校时，这位朴实的维吾尔汉子着急了，他让我直接拨通先生的手机，几近泣声用浓重新疆口音的普通话说道："朋友，难道我们再也见不到面了吗？！"电话那头的先生一时语塞，旋即郑重表示无论如何他即使请事假也一定回学校见见这位不远万里而来的朋友。先生天性幽默，模仿能力极强。他知道我是新疆人，有时因故较长时间不见面，他就惟妙惟肖地用地道的新疆腔给我打电话：朋友，难道我们再也不见面了吗？

先生的新疆故事远未结束，他对新疆的"朋友"之情就像多力坤县长送给他的石榴美酒一样醇厚、久远。如果说皮山县奥依托格拉克村是分布式光伏的一个"点"，那么先生进一步考虑的则是如何在沙漠公路一条"线"，广大南疆乡村一张"面"推广这种先进技术，这就需要组织成立一支专业的、具有吃苦耐劳精神的产业化队伍。

行胜于思。先生首先想到了他在日本九州工业大学任客座教授时的助手、正在日本松下电器公司从事变频器产品开发的徐政博士。2000年春，他力邀徐政回国，负责组织开展分布式光伏扬水系统的产业化和推广应用。他多方筹措，成立了清华港大深圳电力系统研究所，他和国际著名电力专家、时任香港大学副校长吴复立先生担任联合所长，著名学者倪以信教授和徐政博士担任副所长。2001年9月，徐政带领研究所同人与新疆新能源公司合作，首先在靠近轮台县的塔克拉玛干沙漠公路建成了第一套光伏扬水滴灌系统，成功灌溉70亩防护林。从那时起直至2022年6月，经过先生的不懈努力和社会各界通力协作，全长522km的塔克拉玛干沙漠公路（世界最长沙漠公路）全程配备了109套光伏扬水滴灌系统，成为首条穿越"死亡之海"的零碳公路，公路两侧郁郁葱葱的千里防护林带形成了一条亮丽的绿色风景线。在先生的关怀和支持下，这支他一手创立的专业队伍不断开发分布式光伏系列产品，拓展应用领域，如今他们的产品不仅在南疆、在西部的荒漠治理、农牧业灌溉、村落供水等方面发挥了主要作用，而且走出了国门，目前已在全球100多个国家和地区推广应用。2014年分布式光伏提水技术荣获全球人居环境绿色科技范例奖。

虽然分布式光伏技术取得了巨大成功，但先生并不满足于此，他一直将目光聚焦于建设西部秀美山川的又一条正道——大规模风光电力消纳技术，这也是他多年的夙愿。先生也一直在寻找新的突破点——机会终于来了。2013年夏，先生团队获得国家自然科学基金委的创新群体项目资助，这是基金委层面资助力度最大、影响也最为深远的应用基础项目之一，主攻方向为大型风光电力高效消纳，旨在解决当年广泛存在的弃风弃光难题。当年秋天，他与时任青海大学校长王光谦院士协商，派遣我及团队主力远赴高原参加对口支援工作。他自己以身作则，亲力亲为。2016年，他以80岁高龄受聘为青海大学新能源学院第一位双聘院士，同时建立了青海大学新能源院士工作站，创造了对口支援青海大学人员中年事最高的纪录。2017年，建立了国家电网青海公司光伏并网院士工作站。自2014年起，先生不顾年迈，先后10余次上高原指导工作，其中5次深入海拔4km的海西州昆仑山区。他情系高原，完全将自己视为青海大学的一员。2018年8月，青海大学60华诞，先生在由衷祝贺的同时殷切希望未来一定要把青海大学建成高原上的清华大学，为此他捐资10万元。

在先生的领导和支持下，历经10年艰苦努力，他的团队在高原取得了骄人的战绩：建设了一个拥有新能源、材料和储能3个本科专业和能源电力、电气自动化2个硕士专业的青海大学新能源学院；建成了包括新能源电力系统智慧运行教育部重点实验室、压缩空气储能青海省重点实验室在内的4个省部级实验室；建成了国内高校院所中面积最大、技术最先进、设备最齐整、功能最完善的青海大学太阳能综合利用基地及国内首个清洁能源示范校园，基本以太阳能满足了大学校园供电需求；针对大规模新能源出力波动性导致的高效消纳难题，建立了多主体多目标不确定系统优化控制与决策新理论——先生命名为工程博弈论。自2018年起，基金委信息科学部将"工程博弈论"列为自动化学科下的新兴学科方向（F030416），这从一个侧面反映出先生团队在控制与决策领域近10年的辛勤探索得到了学术界的认可和肯定。基于工程博弈论，研发了新能源电力系统协同自律调度控制系统，应用于青海电网调控中心及青藏等地700多座风光场站，近6年消纳新能源1300亿kW·h；全面支撑青海全清洁能源供电活动，实现全省连续绿电35天，供电区域和时长创世界纪录。李克强总理批示"这项工作具有开创性"。

2021年9月，85岁高龄的先生最后一次赴青海出席"一带一路"清洁能源论坛。期间他特意考察了海南州光伏基地和青豫特高压±800kV直流输电工程，望着横无际涯世界面积最大的光伏电站（609km$^2$）和周边蓝天白云衬托下的青山绿水，他发自内心地向陪同他的省厅领导感叹：22年前我在全国政协会议上提出建设一个西部秀美的山川，当时得到李瑞环主席的赞赏，现在看来，大规模高效开发西部丰富的风光资源，走可持续发展之路，这条路走对了。

鲁迅先生曾说："悲悯是人类最伟大的情感"，而先生恰恰拥有满腔悲天悯人的情怀。21世纪前后近20年，先生几乎每年均参加全国政协组织的调研考察活动，这使他对祖国尤其西部或农村地区相对落后的教育、经济和环境等状况有全面深入的认识并为改变此状况而竭尽全力。除了在全国政协等重要场合建言献策外，他也尽个人所能助力公益事业。他常年资助安徽大别山、西藏拉萨等地的多位失学儿童，仅在我手中保留的他为公益事业有凭据的捐助即达数十万元。先生的悲悯大爱心境或许可以从2007年西藏失学儿童次仁央宗的父亲洛条罗布写给先生的一封信中折射出来：

"我们一家人不知该如何报答您对我们的大恩大德。作为儿子的父亲，我很惭愧因病没能力供他上学。恩人您常年资助我儿子的学杂费，这也是我前世的福分吧，是您无私的爱心给了我儿子将来成才的机会！对我来说今生今世只能为您祈祷祝福，扎西德勒！"

作为中国科学院院士、中国电力行业的权威，先生课题组承担了国家很多横向和纵向的重大课题。然而，有一个项目是他最为看重的，那是2006年，先生接到国家的一项军工项目。先生为此特意挑选了课题组中的精英参与项目，并对他们做诚恳的鼓舞谈话："我一生曾经接到过很多重大课题，为国家创造过很多经济价值，然而，这一项目是不同的。我已年过七旬，荣誉与褒奖我已不再需要，我就想为我国国防出一份力，如今国家能将这么重要的国防项目交给我，让我深感荣幸。国家为了这个项目付出这么多资金，可哪怕完全让我自己承担费用，我都会带着骄傲的心情全心全意将它做好，因为这表明我的国家真正相信我、信任我……"言语之中，老先生泪光闪闪，深深震撼在场的每一位师生。

自那时起至今，团队连续承接军工项目，俨然成为军工能源电力系统领域的一支生力军。他鼓励团队将陆用电力系统的先进技术拓展至独立舰船系统。他思想活跃，总有新概念武器的种种奇思妙想。他最为看重的是具有强大战斗力的新技术。2008年冬，先生得知某单位一项非常重要的重大技术因某种原因难以付诸实施从而严重阻滞战斗力发展时，忧心如焚。他殚精竭虑，六易其稿，亲自给最高领导人上书，信中他秉公直言，据理力陈，最终这项成果得以成功落地，成为威震四海的独门利器。

## 四、为人先于为学的育人之道

在先生的办公室书架上放着一册IEEE Fellow证书。IEEE Fellow在香港和台湾被译作"IEEE院士"，是IEEE（电气和电子工程师协会）会员的最高级别，约占世界40万会员中的1.5%，是国际电气与电子工程届顶尖水准的一种标志。2002年11月先生因在"电力系统最优控制应用方面做出的杰出成就和贡献"，被选为IEEE Fellow。2006年他又因这一成就当选为瑞典皇家工程院外籍院士，这无疑是国际学术界对先生在电力系统控制领域所获成就的高度肯定。然而，每每谈起"成就""贡献"时，先生总要先向他的导师表示感谢。先生始终认为，高先生不仅是他学术上的导师，更是品格的导师，关键时刻高先生总是给予他信赖和鼓励。导师的渊博学识和做人品格使他受益终身。

或许是因为恩师对自己的影响很大，先生特别注重对研究生及年轻科技人才的培养，向他们提出"求知欲、想象力、创造力、责任感和勤奋"自我修养和成长五项原则并身体力行。为了给师生们创造良好的科研氛围，先生多年来一直每周举办一次讨论班，从不间断。讨论班形式多样，有鼓励学生汇报自己科研进展的，有外请专家学者来做学术报告然后进行讨论的，讨论班涉猎的范围也很广。此外，先生每年还请知名学者来做研讨会或讲座，请企业界的一线工程专家与学生交流，每年选派优秀的学生出境交流访问，同时鼓励学生参加国际会议，了解国外的研究体系和方法，开阔眼界。在这样的良好团队氛围中，年轻的教师和学生成长很快，刚刚留校的年轻教师和一些优秀的博士生往往已经能够在研究方面"挑大梁"。先生指导的第一个博士生孙元章教授1998年获杰出青年科学基金，2000年入选教育部长江学者，于电气工程界颇具影响力；我本人2003年破格晋升教授，2005年获杰出青年科学基金，2009年入选教育部长江学者；学生刘锋荣获2007年全国优秀博士论文奖；学生陈来军2018年入选教育部青年长江学者；学生薛小代2022年入选国家"万人计划"青年拔尖人才。

前文已述，先生还是一位卓越的工程师。他特别注重对研究生实际工程技能的训练，由此先生还创造了一个院士培养3名国家级劳动模范的奇迹。

谢邦鹏，全国劳动模范，全国五一劳动奖章、全国道德模范提名奖获得者，上海工匠。2008年博士毕业后先生推荐他去国网上海浦东供电公司工作，入职后始终奋战于基层生产服务第一线，他从最基层普通电工做起，从不张扬，从不埋怨，2010年带队圆满完成了上海世博会保电工作。当这个面孔黑黝黝一身电工装束的青年人带着他的队伍在电缆沟钻进钻出，在电线杆爬上爬下时，谁也想不到他会是清华大学的博士，更想不到他还是卢强院士亲手培养的博士。2019年7月，作为杰出校友，他在母校研究生毕业典礼上发言时说："卢老师既是我学术上的引路人，也是我的人生导师。坚守初心、传承匠心、发挥慧心、求得安心，在平凡中不断超越，就可以让自己更有价值。"

夏德明，全国劳动模范，全国五一劳动奖章获得者。因为读研期间参与混成自动电压控制项目而与东北电网结缘，2007年博士毕业后，在先生鼓励下，他没有选择北上广深等一线城市，而是选择回到家乡东北黑土地生根发芽，为此先生还在团队开了欢送会。刚入职的夏德明就被分配到调控中心做见习调度员，为了尽早掌握电网的实际情况，他除了吃饭、睡觉外都在单位，熟悉网情、学习规程，很快成为一位独当一面的基层岗位能手……历经10余年风雨，夏德明成长为电力系统领域业绩卓著的"调度工匠"。2021年6月，作为杰出校友，母校邀请他回校出席当年的本科生毕业典礼，他感言道：清华和先生给了他心怀家国的情怀和直面困难的勇气。

叶俭，全国五一劳动奖章获得者，国网巾帼建功标兵。叶俭是先生亲自面试、直接指导的优秀弟子，2007年硕士毕业后先生推荐她去电科院从事大电网安全技术工作。特高压交直流输电技术是我国电力工业在国际上一张亮丽的名片，而叶俭正是凭借从先生处得到的真传，在保障特高压交直流混联电网安全稳定方面做出了重要贡献。

此外，先生还培养多位兴业英才。王继业，2006年博士毕业，国网信通公司董事长；阮前途，2007年博士毕业，国网福建公司董事长；李锐，2010年博士毕业，南网广州公司董事长。

每年秋季新学期伊始，先生总会在迎新会上语重心长地向广大学子提出了三点建议。第一，要学好体育，而且选择一门终生可以从事的运动。他曾自豪地说道："我选择的就是网球。"打网球是他几十年来的最爱，他曾经与一名与自己年龄相仿的同事合作，夺得了清华大学&中科院男子双打冠军。第二，就是要学好英语。"印度之所以在软件产业上这么发达，很大程度上要归功于英语是母语。"结合自己学习英语的经历，先生多次向学生说明了学习英语、突破"语障"的重要性。第三，要学一点逻辑学，并且运用它。有的学生成绩很好，但是一写论文就逻辑混乱、漏洞百出。他反复强调："我对我的研究生的要求是必须学习逻辑学。"每一位进入先生课题组的研究生，都会收到他赠送的一本《逻辑学》，先生希望大家通过学习逻辑学，增强逻辑思维能力，更好地学习研究。

相对于对学生能力的培养，先生更看重对学生品德的培养。他始终坚持"为人先于为学"的育人之道，并以自身的行为深深影响他的学生。"责任、荣誉、祖国"是他送给学生的六字箴言，他每次对学生做报告，总是以国家开启，并最后归结到国家，时时刻刻向学生灌输"要为国家做出贡献"的思想。

先生的每一位学生，都被他恢宏的人格魅力所感染，对自己的恩师有着无限的崇敬之情。一届又一届学生中代代相传一句话："当我们将来走出校门后，一定要认真出色地工作，为国家做贡献，因为我们是卢强的学生，绝不能辱没师门！"

先生一生追求美。他始终尊崇早年毕业的芜湖一中"德智体美"校训，这使他对美的追求贯穿了生活、工作的每时每刻、方方面面。

先生在各种场合永远是风度翩翩、举止得体、谈吐文雅。早些年我特别喜欢观看他作为民盟中央副主席在天安门广场出席外国元首访华欢迎仪式的《新闻联播》节目，银屏中的先生身躯伟岸、仪态端庄，如玉树临风，端的是泱泱大国之懿范也。在科研工作中他也追求美。先生特别推崇爱因斯坦用"简洁"和"优美"来形容科学研究最高境界的观点。先生50多年的学术生涯就好像一个只含有两个变量、简单而漂亮的数学公式。公式的一端是最先进的控制理论，另一端就是能源电力系统的安全性和经济性。他一直按照这个脉络进行研究，并不断追逐理论和应用的制高点和最新发源地，并为中国的电力事业培养一代又一代的科学研究栋梁。

## 五、有一种先生叫大先生

清华老校长梅贻琦先生有句名言："所谓大学者，非谓有大楼之谓也，有大师之谓也。"随着时代变迁，以自强不息、厚德载物为核心的清华精神和理念也在不断升华，当今的大师不仅指学术大师，还指品行高洁、桃李天下的先生，是教授中的教授，先生中的先生，宛若独悬之明月，孤映之高霞，此所谓大先生也。

先生开创了独具风格的清华学派，不可不谓之大也。

他的成就胜大宏阔，影响深远，其中以电力系统非线性控制学科为核心的创新理论，形成了国内外公认的清华学派。

先生学识渊博，智周万物，不可不谓之大也。

他通数学，明物理，是电气工程大家，是自动控制大家，是更大的科学家。

先生远见卓识，见解深邃，不可不谓之大也。

他提出的数字电力理念，整整超越时代20年。他提出的非补燃压缩空气储能技术，洞穿了风光电力可持续发展的症结所在，开启了一个清洁物理储能的新纪元。

先生出口成章、文采斐然，不可不谓之大也。

他演讲激情澎湃，迭有新风，为文光畅流丽，鞭辟入里，具有鲜明的卢氏风格。他的国学修养深厚，于古文，80多岁了，还能全文背诵近800字的《滕王阁序》；于书法，写得一笔漂亮的楷体；于诗词，经典唐诗宋词信手拈来，运用自如。

先生品德难为喻，弥望兮高山仰止，勤循兮景行行止，不可不谓之大也。

他总是工作第一，他人第一，学生第一。

他积二十年之工，首倡和构建的电力系统灾变防治基础理论和关键技术荣获2018年国家科技进步二等奖，获奖者中没有他的名字。

他积晚年十年之工，首倡和构建的非补燃压缩空气储能技术荣获2022年中国电工技术学会创会41年来的首个技术发明特等奖，获奖者中没有他的名字，却有2位在读博士生、1名在站博士后的名字。

他人如其名，一辈子自强不息，无论多么困难都不愿给他人添麻烦，他此次突然生病，在呼吸已经十分困难的情况下，还叮咛家人别告诉梅老师和秘书……

先生安息吧！

您的英名永世长存！您的工作永世长存！

# 第一台最优励磁控制器发展历程

◎ 陈永亭

陈永亭，1960年生，1983年毕业清华大学后留于电机系动态模拟实验室，拜卢强为师。1991年聘为工程师、2000年聘为高级工程师。获北京市教学成果一等奖和国家级教学成果一等奖。

我记得非常清楚，在1984年放完寒假，开学的第一天，卢强老师手里拿着他和王仲鸿、韩英铎著的《输电系统最优控制》一书，他找到我说，"你先学习学习这本书，我想让你参加我国第一台线性最优励磁控制装置的研发和实验室试验及现场试验"。那时我也刚参加工作不久，这对我来说是一个学习的好机会和极大荣誉，我欣然接受了，从此我与卢强老师结下师徒之缘（卢老师在许多场合说我是他的大徒弟）。

在20世纪80年代初，我们国家还没有单片机之说，完全靠电路搭建我们想要的逻辑，大家都知道最优励磁控制是多电量的控制，测量环节和反馈节点多，用电路实现很不容易。我们从设计原理图开始，画原理图、印制板图、自己焊接元器件、调试电路图，最后在清华大学动模实验室的3号机组开始试验。为了不影响实验室的其他任务，我们常常是周六晚上进入实验室到周一早上才出来，累了就打打乒乓球，困了就把几把椅子拼在一起睡会儿，饿了就在实验室电炉子负荷上烤馒头吃。刚开始时，试验极其不顺利，最优的性能还没有常规励磁好。多控制量的各个因子比例是多少，虽然理论上可以说得清楚，但试验环境下，发电机等参数影响是非常大的，所以卢老师一边在理论上进行分析，手算不同参数下的控制因子，一边试验校验，最后达到最优控制的效果。卢老师也通过不断总结得出一个既有效又简单确定各个因子比例的方法。

实验室试验仅仅表明这个理论可行，能应用在实际中才有意义。当时我国电力网络还是比较薄弱，为了不影响电网的运行，卢老师找到甘肃文县碧口电厂，在他们的10kW发电机上安装最优励磁控制装置。在去碧口电厂多次调试中，我有两件难以忘怀的事情。

一次我们为了测量实验数据，要把我们实验室里一个比较高级和贵重的磁带记录仪运到现场。因设备比较娇贵，怕晃动，为了它只能选择坐软卧，在当时能坐软卧的是要有级别的，不是想坐就坐的，需要先向学校打报告，然后学校再向铁道部申请。在火车上我们先把被子放在软卧上，然后再放上磁带记录仪，为了防止晃动还必须有人扶着。就这样整整坚持了20小时，更艰苦的是在箱式小客车上，我们必须坐在机器盖上，人抱着仪器坐了5小时。

还有一次我们是在雨季去的现场，在我们测试期间，隔三岔五的就下雨。有一天厂领导来视察，问我们什么时候能调完，我们说今天就可以结束。厂领导说根据天气预报未来将有特大雨，明天天气还可以，你们明天上午赶紧走吧，否则将出不去了。第二天我们没有走多远，天就下起了雨，当我们刚过一个不足几十米的小山谷后，就听到后面山塌响声，回头一看，我们刚刚走过的路被山洪冲没了。当然在现场调试过程中除了紧张工作外，卢老师还带我们或中午或傍晚在小溪的水潭中畅想我们最优励磁的未来和我国电力系统的发展。在卢老师严格要求指导和一次次调试下，我们一次并网成功。在运行中，我们得到电厂一个消息，由于电网的波动，最优励磁控制器动作了，完全符合理论与设计要求，这验证了单机控制理论。后来我们又在丰满电厂安装多机最优励磁控制器，完成了多机控制，为最优控制理论打下了坚定基础。

之后最优励磁控制器投入我国各大电网使用，这对改善和提高电力系统运行的安全稳定性发挥了重要作用。

# 东瀛两载，辅佐结情

◎ 徐政

徐政，1983年毕业于上海交通大学并留校工作；1986年公派赴日本留学，1989年和1993年在九州工业大学获得工学硕士和博士学位；1992—1997年，任九州工业大学电气工程寄付讲座客座教员，期间与卢强院士共事2年；1997—2000年，在日本松下电器公司从事变频器产品开发；2000年4月回国，受聘为清华大学副教授、电力系统国家重点实验室深圳研究室副主任，2023年3月聘期结束退休。

从1993年10月至1995年9月，受日本九州工业大学的邀请，卢老师担任由九州电力公司设立的电气工程寄付讲座的客座教授，我作为同一讲座的客座教员辅佐工作，由此结下了深厚的友谊，并对我职业道路的选择产生了重大影响。

与卢老师的初次相识是1991年春夏交替之际，在清华校园内。我陪同我的研究生导师、寄付讲座负责人望月琢郎教授来北京拜见应聘的卢老师，介绍寄付讲座的具体情况和要求、协调赴日就任的手续与日程。卢老师翩翩的风度、渊博的知识、大气的谈吐给我们留下了深刻的印象，还在甲所餐厅热情设宴，点了不少经典菜肴，卢老师对每道菜的特色和烹饪方法都能娓娓道来，多年来望月教授一直感叹非常享受那次相见。

1993年9月底，帮助卢老师办完赴日手续，并到福冈机场迎接。把卢老师接入九州工业大学校园后，随性的我并不明白中国科学院学部委员究竟有多大来头，居然让卢老师坐上我的大摩托车后座，骑车在校园内绕行参观，卢老师毫不在意，一路上反而显得兴致勃勃。

接下来的2年，卢老师主要负责给电气工程专业的本科生讲授"电力系统优化控制"课程，我当助教，全英文授课。卢老师手写了一本讲义，内容丰富，文法流畅，字迹漂亮。我负责复印、装订和发放，至今还珍藏了一本。选课的学生很多，课堂上卢老师纯正的发音、工整的板书、抑扬的节奏和生动的内容深深吸引了大家。这种完美的表现源自永无止境的追求和日积月累的努力，我和卢老师共用一间办公室，每天早上到办公室，都会发现卢老师早已在朗读国外名人的英文演讲稿，孜孜不倦的精神和毅力令人钦佩。

为了拓宽学生的眼界，卢老师促成了清华大学与九州工业大学在读研究生的互访交流活动。清华大学电机系沈沉教授当年是卢老师的在读博士研究生，从1995年7月起到九州工业大学访学了半年。之后，九州工业大学的在读硕士研究生河本君来清华大学回访了3个月。

有两件事让我充分领略了卢老师谦和大度、平易近人的人格魅力。第一件事是当年卢老师送我一本他的大作《电力系统非线性控制》，我是属于阅读特别仔细、甚至爱钻牛角尖的类型，一字一句地学习、推导了书内所有的公式，同时将自认为是印刷错误和排版不当之处整理成几页笔记。当我把笔记交给卢老师时，他不但欣然接收，还和我一起认真地逐条核对。若干年后，从其他老师处得知，卢老师还时常会向他们展示那几页笔记，提倡养成认真细致的学习习惯。公认的学术大师仍保持如此谦虚的态度，真的难能可贵，令人感动。

第二件事是1994年10月在北京的一个国际学术会议后，我和卢老师2家外加3位日本朋友组团，参加从重庆到宜昌的豪华游轮三峡游，原来预订了5间豪华包间，但登船时发现由于旅行社的失误，只有4间包间且无法调配，正当我和导游为难之际，卢老师主动提出可在他的包间加床，4天的旅程一家三口挤在一起，整个过程没有丝毫责备，包容和修养达到了极高的境界。

我和卢老师有一些共同的爱好，如欣赏古典音乐，所以我搬了一套组合音响到办公室，每天下午2点到4点，边听古典音乐广播节目边工作，房间内始终洋溢着欢乐的气氛；卢老师喜欢打网球，我喜欢运动但打网球是菜鸟，所以经常陪卢老师打球，实际上是跟着卢老师学，球场上洒落了我们健康的汗水；我们都注重健康快乐的生活，时常去郊外赏花野餐、登高望远、海边踏浪；有时在我家由我主厨聚餐，卢老师接受各种口味的菜肴，还津津乐道地挑战河豚鱼刺身；有时去卢老师住处，他能用微波炉搞出不同的花样。

整整两年的朝夕相处，我与卢老师结下了深厚的友谊，没有老少和上下之分的顾忌，我们的相处是那么自然与轻松。卢老师渐渐地开始给我

"洗脑"："徐政，你未来唯一的出路是跟我回清华"，我则开玩笑地回答："卢老师，我也可以留在日本啊。另外，我是上海交大的出国代培生，还有回交大的一条出路。"其实从那时起，回国进清华已成为我未来人生道路的一个重要选项，我也开始为此目标做准备。

我的专业研究方向是电力电子技术，应用性强，为了掌握更多的实际技能、回国后发挥更大的作用，1997年3月我辞去了寄付讲座的教职，到日本松下电器马达公司家电产业马达事业部从事变频器的开发工作，其间卢老师与我一直保持书信联系，关心我在企业的锻炼和成长。1999年5月，卢老师给我写了一封长信，说计划与香港大学合作在深圳设立清华–港大深圳电力系统研究所，希望我能回国代表清华负责筹建工作，而且将在新疆等西北地区开展光伏提水技术的研发和推广应用。这样的工作平台和科研方向对我产生了巨大的吸引力，同年9月我第一次到深圳实地考察，充分感受了这片创业沃土的魅力，当即做出了回国的决定。2000年3月，完成了所负责新产品的批量转产程序，我辞去了松下电器的工作，举家回来了。

入职清华的整个过程非常奇特，卢老师帮我代办了所有手续，我只提交了所需的书面材料，没有经过任何面试环节，通过了聘用考察和职称评定，2000年5月到人事处和电机系报到后直飞深圳。卢老师对我彻底放权，对研究所的筹建和运营只提了两个要求：第一，给300万元启动资金和3年时间，后续自己搞活；第二，如果得到政府的资助，未来要以多于3倍的金额纳税。2000年10月，卢老师向科技部报批成立了电力系统国家重点实验室深圳研究室，这是深圳首个国家重点实验室，获得深圳市政府500万元建设经费支持，加上香港大学200万港币的投入，2000年有超过1000万元的资金在手是非常令人羡慕的，为搭建研究平台和潜心项目研发提供了有力保障。这些年来，我牢记卢老师的嘱托，踏踏实实地做好工作，同时得到了卢老师的热情鼓励和支持。在卢老师倡导的光伏提水技术方面，研究相关控制技术，开发完整系列产品，拓展不同实际应用，创立公司组织生产和销售，产品不仅在国内的荒漠治理、农业灌溉、村落供水等方面发挥了重要作用，在全球100多个国家和地区也得到了推广应用，2014年获得全球人居环境最佳科技范例奖。在变频节能技术方面，坚持走市场路线，创立了另一家公司，坚守制造业，经营业绩逐年提升，已成为国内龙头家电企业的核心供货商，每年依法向国家纳税，实现了卢老师的心愿。

时光荏苒，2021年4月我也正式退休，趁回北京办理相关手续之际，我和爱人主厨，再次请卢老师来家里聚餐。从下午4点到晚上9点，大家兴致勃勃，海阔天空畅聊，仿佛又回到当年在日本的时光。原以为这样的欢聚以后会有很多次，谁曾想……

过去的时光、谆谆的嘱托和美好的回忆将永远铭刻在我心中。

◎ 邀请先生和其他朋友来家中作客

# 深切悼念我们的良师益友
## ——卢强老师

◎ 赵争鸣

赵争鸣，清华大学电机工程与应用电子技术系教授，博士生导师，清华大学电磁实验中心主任，IEEE Fellow，IET Fellow。先后担任清华大学电机系副系主任、国家重点实验室副主任、IEEE电力电子学会（PELS）执委会委员、IEEE PELS北京分会主席等职务。主要研究方向包括：大容量电力电子系统基础理论、光伏并网发电及应用、电机及其控制、无线电能传输等。

当我听到卢老师不幸因病过世时，感到非常震惊，想到两个月前他还在与我们一起开学术研讨会，那么精神抖擞、思路敏捷，9月10日教师节我们还在卢老师家里，与卢老师交谈甚欢……怎么一下子就发生了这样的情况？真觉得不可置信，同时感到悲痛不已！借此文集出版机会，表达我的哀思，深切悼念我们的卢老师。

卢老师虽然不是我当学生时的直接导师，我们也不是同一个专业方向；但我与卢老师的交情却有着35余年的渊源关系。我是1987年8月来到清华大学电机系电机专业就读高景德先生的博士生（我的副导师是电机专业的郑逢时老师）。卢老师是发电专业的教授，他曾经是高先生"文革"前的研究生。记得1987年10月，我在高先生家里认识了卢老师。在后面与卢老师的接触中，感觉到他在学术上有很多的独特见解和创新意识，因此我有一些专业上的问题就很喜欢请教他，他也非常耐心和有兴趣地与我交流，我与卢老师交往就从那个时候开始的。

在35年的交往过程中，我作为晚辈，深受卢老师及他们那一辈老师的学术思想、科学精神以及做人做事态度的深刻影响和引导，在我后来自己的教书育人和科研工作中，受益匪浅，卢老师一直是我的良师益友。

我1991年博士毕业后留校工作，1994年4月—1997年5月自费公派在美国做了3年的博士后工作，1997年5月回国。1999年在香港大学作为研究教授做科研工作。记得大约在1999年4月，我正在香港大学实验室工作，突然接到卢老师从北京打来的电话，他说他在3月份全国两会上做了个大会发言"向西部进军"，得到了国

◎ 2022年教师节在卢老师家中合影

家的高度重视，国家准备开展
"开发大西部"计划。他要我
赶快回校参加这个工作，准备
搞一个"太阳能沙漠绿洲生态
系统"的具体项目。我一听当
即就赶回了学校，立即在卢老
师的带领下，在系里成立了一
个"太阳能发电应用"科研小

◎ 庆祝"绿色校园"项目完成（1999.10）

组，经过日夜兼程，结合西部地区的需要，完善和开发了四项关键技术；
然后在学校科研院和后勤处的支持下，设立了一个"绿色校园"项目，即
在我校蒙民伟楼前面建立一座2.5kWp的光伏扬水照明发电示范小型电站，
白天抽水、浇灌周边的绿草坪，晚上利用光伏储能点亮周围路灯。1999年
10月1日，这个项目顺利建成运行。正好在这个时候，清华大学与新疆维
吾尔自治区政府在清华签署了全面合作的协议，"太阳能沙漠绿洲生态系
统"项目在卢老师的积极努力下作为第一批项目就正式启动了。

　　2000年4月—2001年6月，清华大学和新疆计委联合立项了项目"新疆和
田皮山县太阳能沙漠绿洲生态系统"，包括建立5座太阳能扬水与照明综合
应用系统，以解决当地老百姓祖祖辈辈没用过电、没喝过干净水的状况。
同时学校立项作为"985"西部开发专项课题，清华不仅投技术、投人力，
还直接投资45万元设备费。该工程将在这个南疆沙漠小村建立5个太阳能发
电站（3个3kW、2个5kW），5口水井（60～130m），形成1个小电网和水
网。这个"太阳能沙漠绿洲生态系统"向该村提供以下水力和电力资源：满
足500亩土地灌溉用水；满足全村1349口人、4300只牲畜饮用水需要，家家
户户用上了自来水；满足全村355户照明用电，其中包括农舍344户，学校、
村医疗站和村部11（户）；每户同时使用节能灯2盏，14英寸黑白电视机 1

台。该工程于2001年6月全部完成，该村从此告别了无电年代，告别了喝"涝巴水"时代。项目的成功在当地、在新疆乃至在全国产生了很大的影响。这项示范工程的成功实施得到了西部地区人民的真诚欢迎，他们特别为此事自发地在村里立了一个碑，以汉语和维吾尔语记述了该示范工程的实施经过，昭示后人；中央电视台《中国新闻》《走近科学》《走向西部》，北京电视台的《经贸科海》《早间新闻》《人民日报（海外版）》等媒体分别对该项目成果作了专门报道，产生了广泛的社会影响。

这件事从头到尾都是在卢老师的策划和领导下完成的。应该说在当时，能看到太阳能光伏发电的意义和作用，并且实际做到这样规模的工程示范，在国内还是首次。卢老师站在国家发展的高度，站在科学发展的前沿，对我国后来以光伏为主力的新能源发电发展做出了开拓性的贡献。

我在这项目的实施过程中也直接得到了卢老师的精心培养和指导，得到了很好的成长。卢老师召唤我参加太阳能光伏发电装置的研究工作，是我学术生涯中的一个重要转折点。我原来主要是从事电机及其电力电子传

◎ 新疆太阳能项目竣工揭碑仪式（2001.6.16）

动控制的，更多的是在装置研究层面，而太阳能光伏发电技术作为集半导体材料、电力电子技术、现代控制技术、蓄电池技术及电力传输等技术于一体的综合性技术，成为当今新能源发电领域的一个重要研究方向。参加这个工作，使我从常规电机及其控制的装备研究拓展到更大的电力能源领域，交叉性更强，视野更开阔了。从这以后，我就逐步地将自己的研究重心从单纯的装置研究转变到能源变换系统中来了。卢老师也一直关心和支持我和我们团队研究工作的发展。

就在完成新疆太阳能技术转让工程后，卢老师看到国内对大容量高压变频器的迫切需求后，及时引见国电南自（国电南京自动化股份有限公司）领导和技术人员与我们接洽，商谈合作开发大容量高压变频器的事项。在2002年，我们就与国电南自联合成立了"电力电子应用技术联合研究所"，开启了"基于IGCT的高压大容量三电平变频器研究"（IGCT：集成门极换流晶闸管，integrated gate-commutated thyristor）。该类技术和装置当时由瑞士的ABB独家拥有，国内尚属空白，研发难度大。我们趁着"光伏发电"成功的势头，开始阶段并没有把困难放在心上，毫无顾忌地只管往前冲，很快就做出了一套试验样机，但新的问题马上随之来临。

这套样机装置虽然经过了严格的实验室检验，但一到现场运行就发生各种故障，"可靠运行"成了横在我们面前的一道似乎不可逾越的屏障。最大的问题就是容易炸坏IGCT，一次故障就能烧掉约15万元。那段时间，我和我的同事们、学生们总是垂头丧气，甚至一度不敢再做运行试验。卢老师在这个时候及时出现在我们面前，多次到国电南自现场视察指导，帮助我们查找问题的原因，并以他自己过去现场调试的经验告知我们：办法总比困难多，要从底层分析原因。卢老师的话让我们冷静下来，我们发现电力电子技术似乎没有像教科书讲得那么简单。对故障反复排查后，终于找到了问题所在——那些被忽视的"异常脉冲"，其实与半导体

◎ 国电南自项目鉴定会上（2005.10）

◎ 国电南自分厂考察（2009.12）

◎ 联合团队学术研讨会（2022.9）

开关器件的开关瞬态过程、主电路上的分布杂散参数以及控制上的各种延迟和畸变紧密相关。明确问题后，经过深入研究，有针对性地提出了一套基于IGCT的大容量电力电子变换系统的瞬态分析方法和控制技术，解决了多项技术难点和关键问题，2006年以后批量装置在现场运行后再也没有出现重大故障。国电南自现在已经将大容量电力电子方向发展成了他们的一个分厂。卢老师的现场及时点拨成了我们这项工作完成的关键。

通过这项工作，我们充分意识到了基础研究工作的重要性。后来，我们的研究工作就逐步从项目牵引、问题牵引过渡到更加主动的前沿牵引阶段。为了将电力电子深层次问题研究透彻，2008年起，我们先后申报主持了国家自然科学基金重点项目"大容量电力电子系统电磁瞬态过程及其对可靠性的影响研究",以及国家自然科学基金重大项目"大容量电力电子混杂系统多时间尺度动力学表征和运行机制研究"。深入研究了多项深层次关键应用基础问题,并且从电磁能量变换、瞬态换流回路以及系统可靠性的新视角提出了一整套大容量电力电子系统电磁瞬态分析理论与关键技术,取得了一系列的创新科研成果。

我们基于重点和重大项目在电力电子科学领域取得的基础理论研究成果,进一步开发了全自主化知识产权的电力电子系统工业软件DSIM。卢老师知道此事后,特别高兴,并特别关心和支持。就在2022年9月28日,他不顾高龄,亲临参加由他直接倡导的我们研究团队和他研究团队的部分师生召开了一个关于混杂系统建模仿真的联合学术报告会,卢老师对每个报告都给予了详细询问和指导,特别对我们提出的"状态离散事件驱动"的建模解算思想和方法给予了高度肯定和鼓励,并提出了进一步发展的建议。我当时真是感慨万千:35年了,卢老师还这么一直关心和帮助我们个人的成长和事业的发展,这是怎样一位伯乐和引导者呀!

记得在我留校工作初始阶段,自己总觉得离做一个真正的清华人还有差距时,他语重心长地告知我:做人主观低调,做事自然高调,这就是清华人的特征;在我工作中受到挫折时,他及时告知我:不用怕,时间将会做出公正的回答;在我每次科研方向的转折中,都有他的激励和鼓励:不用多想,大胆地往前走!

是呀,从卢老师身上,我看到了一位真正热爱科学的科学家,一位具有崇高境界的教育家,一位淡泊名利、甘于奉献、勇于创造的良师益友。我们思念他、悼念他、学习他。卢老师永远是我们心中的老师和学习的榜样,他的精神将一直激励我们、以及我们的下一代,更加奋发努力,为我国的教育和科技事业的发展做出更大的贡献!

# 怀念卢强老师

◎ 蒋晓华

蒋晓华，清华大学电机系教授。中国电工技术学会应用超导专委会副主任委员。1984年、1987年西安交大电气工程本科、硕士；1990年中科院电工所博士；1996年、2001年清华电机系副教授、教授。2007年获电力电子及电力传动学科领域"中达学者"称号。

2022年12月23日一早，惊悉卢强老师去世的噩耗，我悲伤的心情久久难以平复。研究组微信群里，创新领军工程博士生曹彬同学沉痛地怀念道：“8月底还上了卢老师的专业课，那时感觉卢老师还是精神矍铄，如今却驾鹤西去，真是难以置信！”真的是太突然了！卢老师前几年退休时，我还想着：之后要时常去看望他老人家。没想到，席卷全球的新冠肺炎疫情使人与人之间面对面的正常交往中断了近3年，而就在种种限制完全放开的短短数天后，卢老师就同我们天地相隔，永远地离别了。无法弥补的遗憾就此铭刻在我心里，与之相随的唯有怀念。

1999年，刚来清华不到3年的我，有幸被卢强老师邀请，参与他负责的“973项目”。当时，我带领我最初的几个研究生，刚为电力系统动态仿真与模拟国家重点实验室研制完成了一套15 kW/20 kJ的可控超导储能实验装置。卢老师高瞻远瞩地指出，将可控超导储能装置与非线性最优控制策略相结合，为市场开放的电力系统发展一种强有力的保证其稳定性和可靠性的新方法。卢老师指导我们设立了“超导储能非线性控制方法及在提高电力系统暂态稳定性的应用”子课题，并安排其博士生加入子课题，探索可控超导储能在改善电力系统暂态稳定性方面的鲁棒建模方法和基本的控制规律。通过子课题的研究，我们完善和改进了原有的15 kW/20 kJ可控超导储能实验装置，得到了严格意义上的超导储能装置在复杂电力系统中的非线性最优控制策略，并研制成功了超导储能装置的非线性最优控制器。更为重要的是，卢老师的创新思想，在子课题研究的实践中，不仅启发和培养了获得全国优秀博士论文荣誉的优秀人才——刘锋博士，也成为当时负责可控超导储能实验装置研制的研究生——褚旭博士当选全国杰出工程师的重要成长源泉。一晃20多年过去了，卢强老师在研究工作中超群的创新理念以及他在研究生培养中卓越的引领意识一直是我努力追寻的楷模。

缅怀卢强老师，我更想表达的是深藏内心20多年的感激之情。无论是当年提职称时遇到的不顺，还是面对遭遇的各种挫折，卢老师一次又一次地给予我无比的信任和强有力的支持，使我顺利地渡过了每一次难关。正是卢老师这种无私的帮助和关怀，使我这个非清华本科、非清华硕士、非清华博士的"三无"外来者在清华第一次有了归属感。20多年来，卢强老师善良、正直、包容的高尚情怀一直温暖、鼓舞、激励着我。

在这人间美好的四月天，我想告慰卢强老师的在天之灵：您曾经给予我的恩典，我将永远铭记在心。

# 追思卢强老师
## ——中国电力科技界的楷模

◎ 李若梅

李若梅，现任IEEE PES Women in Power (WiP)主席，IEEE高级会员，CIGRE荣誉会员，世界工程组织联合会执委，中国女科技工作者协会监事，中国IGBT技术创新与产业联盟指导委员会委员。曾任中国电机工程学会秘书长。2019年获得IEEE PES Wanda Reder Pioneer in Power Award。

2022年12月23日接到噩耗，中科院院士、清华大学电机系卢强教授因病离世。真的很难接受这一事实，因为就在16天前还接到卢老师手机发来的祝福短信。生命虽然离去，但是86岁的卢老师这一生为中国科技发展所做的重要贡献将会铭记在后人心中。

第一次听到卢强老师的名字是1991年，当时我在中国电科院系统所工作，听到一个正在院里热传的讯息——"清华大学卢强老师当选为中科院学部委员"。听说这是一个很高的荣誉职位，要在科学领域有突出成就才有可能获得。之后看到一篇卢强老师发表的论文（英文），对Linearization of hybrid dynamic systems这个新概念很感兴趣，因为当时自己就在做非线性系统运行仿真，仔细读过论文后确实帮助我拓展了思维和提升了认知，要感谢作者卢老师。

从2000年初起，我在电科院主要做科研项目管理工作，在"973"计划和国家自然科学基金等项目方面和卢老师清华电机系的团队一直有合作。给我印象最深的是他对团队成员的信任，给年轻人承担职责的机会和足够施展能力的空间。作为旁观者，觉得成为卢老师的学生真是幸运。其实这也是一些国际名校的学术氛围特色。

自从2004年进入中国电机学会总部工作后，经常需要邀请卢院士出席会议做报告、评审课题项目、指导和参与相关专委会工作，对卢老师有了进一步了解。他在专业领域有超前的思维，很多科学预见都在后来被实践证实。而且他一旦看准了的方向，不论有多少障碍都会和自己的团队一起坚持不懈。比如，压缩空气储能技术的研发与应用，2014年建成的第一个项目——安徽芜湖500kW非补燃压缩空气储能电站，电-电效率为40%，到第二个项目——青海的100kW复合式压缩空气储能电站，电-电效率已经达到51%，综合效率达到80%。2022年，卢老师亲自指导和参与的国际首座非补燃压缩空气储能电站——江苏金坛盐穴压缩空气储能电站投运，零碳排放，电-电效率达到62.38%，综合效率达到85%。实现能源清洁化和零碳是当代能源电力科技人的理想和目标，而卢老师就是大家的楷模。

我的感受，卢强老师多年来对中国电力能源界的贡献主要在以下方面。

## 科研和工业应用

主要包括压缩空气储能，可再生能源并网，电力系统优化以及其他储能技术。

## 教育

卢老师一直是中国和国际电力能源领域有影响力的教育家。他开发了并教授多门系统稳定与控制课程，包括本科生和研究生，指导过众多博士生和博士后。他的学生中有不少已经成为电气工程领域的领军人物，如长期以来从事清洁能源研究的青海大学副校长梅生伟教授，就有很好的学术口碑和扎实的应用成果。

## 领导能力

我曾和国内外同行一起多次参观过卢老师负责的清华大学国家重点实验室，都是超前的技术研究，确实感受到我们在科技领域的实力。在有关电力领域的政策和规则方面我也曾经多次向卢老师请教，他也是有市场观念的专家，并且了解中国电力界的发展历史。

　　作为著名科学家的卢强老师还有很深的文化造诣，尤其精通中国古典文学，他可以随口背诵唐诗宋词，还有很好的书法能力，如此全面的杰出人才确实难得。

　　卢老师的突然离世，是中国能源电力界的重大损失。生命一旦离去就是永远的遗憾，我们能做的是在回忆纪念逝者的同时，学习和继承他的创新理念，继续朝向他生前奋斗的目标而努力，让未来更美好。

# 追忆卢强先生

◎ 严新荣

严新荣，男，正高级工程师，1972年出生，清华大学经管学院工商管理硕士毕业。现任中国华电集团华电电力科学研究院有限公司总经理、党委副书记，中国科技核心期刊《发电技术》主编。曾任中国电机工程学会学术部负责人、学术委员会秘书，中国华电集团公司科技处处长，华电陕西能源有限公司副总经理等职务。在电力行业电机标准化委员会、中国自动化学会发电自动化专委会等学术组织担任专家，是国家科技进步奖、电力行业科技奖评审专家。

在阴雨连绵的清明时节，不禁回忆起与卢强先生交往的往事。先生的音容笑貌历历在目，谆谆教诲言犹在耳。

卢强先生是中国科学院院士，清华大学教授，是现代电力系统非线性控制学科的开拓者和奠基人，为电力系统的理论发展与应用研究带来重要的影响。而在我心里，他不仅是一位令人尊敬的长者，更是我人生的向导。

> 追忆卢强先生，怀念他的严谨治学
> 追忆卢强先生，怀念他的渊博学识
> 追忆卢强先生，怀念他的家国情怀
> 追忆卢强先生，怀念他的高尚德操
> ……

1999年，我和先生初次相识。那时，先生担任中国电机工程学会学术委员会副主任，而我刚从华北电科院调到中国电机工程学会担任学术交流部负责人，并承担了学会学术委员会秘书的职责。因为工作关系，我有幸多次陪同先生出席行业内的重大技术交流和学术会议，并邀请先生参加许多行业重点热点科研方向的报告会，所以有了近距离学习的机会。在多次的交谈中，我感觉到了先生对提高我国电力系统安全稳定性的思考，感受到了他用科技创新推动能源领域技术革命的信心，也是从先生口中，我第一次听到了构建数字电力系统的概念。随着交流机会的增加，我越来越被先生开阔的学术视野、缜密的逻辑思维、深厚的理论积淀、敏捷的反应能力所折服。在电机学会工作的3年多时间，先生与我结下了友谊，也在我心里埋下了投身电力科技事业的种子。

2003年初，我专程到清华大学电机系看望先生，并报告调到华电集团工作的情况。在电机系实验室里，先生与我亲切交谈，他欣慰地肯定了我到生产、科研一线锻炼的选择，并豪爽地表示，在工作中有需要帮忙的随时可以找他。我们从工作聊到了生活，又聊到行业发展趋势和前沿热点技术。我清楚地记得，那天下午，先生正准备去打网球，他拍着我的肩膀嘱咐我要加强身体锻炼，争取为祖国健康工作50年。他背着球包远去的身影，至今深深镌刻在我的脑海里。

此后近20年，我与先生通过见面、电话、短信等方式始终保持着联络。我为先生不断取得的成就感到自豪，他也在默默关注我的成长，激励我不断前行。

2022年12月8日，我致电先生，向他报告了近况，并诚挚邀请他来杭州，到我所任职的华电电科院指导工作。先生欣然答应，表示疫情过后一定抽空相约杭州，并勉励我在新岗位上继续为电力事业做出贡献。近10分钟的通话，让我又重温起青年时代和先生相处的点点滴滴。我对与先生相约在杭州见面充满期待，憧憬着再次聆听先生对构建智能电力系统的见解，接受先生的当面指导。

两周后的12月23日，惊闻先生仙逝的噩耗，我悲从中来。与先生的约定仿佛就在昨天，却已无法实现。斯人已逝，幽思长存……

卢强先生为中国的电力事业奉献了一生。他来时，中原大地还在遭受战火的凌虐，国不强、民不富，电力工业技术基础一穷二白；他走时，身后的祖国已欣欣向荣，电力技术水平从仿制到跟随再到领先，为世界电力工业的发展贡献了中国智慧和力量。

先生之风，山高水长。我们这些后来者终将继承先生遗志，用电力工业的进步为中华民族的伟大复兴提供发展动力。

先生千古，懿德长存。

为全人类打工的院士

——追记清华大学卢强教授

◎ 中盐金坛盐化有限责任公司

十几年前的某一个春节，室外鞭炮作响，喜气洋洋，中国科学院院士、清华大学电机系教授卢强躲到书房里寻清静，边听音乐边画下了一张压缩空气储能装置的草图，这张草图至今还保留在金坛盐穴压缩空气储能项目负责人手中。

一

2018年12月25日，金坛盐穴压缩空气储能国家试验示范项目奠基仪式现场。

仪式上，卢强院士铿锵有力、充满自信的致辞给在场嘉宾留下了深刻的印象。他介绍了压缩空气储能发电系统的特点，重点阐述了储能技术是人类利用绿色能源的终极方案。他说："这个项目的建成，将会在全国和全世界造成示范效应，这是做一个榜样，将来会在全国遍地开花。"致辞中，卢强院士引用了卡尔·马克思在高中毕业时的论文片段，将自己的事业称为"为全人类打工的事业"。卢强院士提出，目前国家正大力推进"一带一路"倡议，如果在中国和"一带一路"沿线国家大规模采用储能技术，将造福"一带一路"沿线各国，并对世界产生不可估量的积极影响。他希望金坛压缩空气储能发电示范工程，将来会开辟全中国乃至"一带一路"国家的广阔市场。

这不是卢强院士第一次与储能技术结缘。2011年，卢强院士提出绝热非补燃压缩空气储能技术原理。2012年7月，受国家电网委托，卢强院士主持国家电网重大科技攻关项目"压缩空气储能发电关键技术及工程实用方案研究"。同年8月，他率团队在安徽芜湖设计并建设500kW的非补燃压缩空气储能发电示范电站。

空气储能电站想要做到大规模，首先就要解决储气空间的问题。

而与此同时，距离芜湖不远的一座小县城金坛，地下埋藏着丰富的盐矿资源，正源源不断地被开采出来送往千家万户。

"起初是有家常州的公司和卢院士在芜湖合作小型示范电站，他们向卢院士提起距离常州不远的县城金坛有地下盐矿，采卤后形成的空腔或可成为储能的选择。"中盐金坛公司发展部长胡俊华回忆道。

无独有偶，卢强院士的团队中有一位金坛籍院士周远教授。

经过多方沟通调研，卢强团队与中盐金坛公司"连线"成功。

在胡俊华的记忆里，他和卢强院士有一次特殊的见面让他难以忘怀。他说："我们公司从2006年就开始关注盐穴储能技术，中间经历过项目申报失败。"2016年，中盐金坛公司盐穴储能项目申报团队北上向国家科技部、能源局的领导汇报项目，卢强院士闻讯决定亲自汇报。"对面坐着七八个领导，其中有的是清华大学毕业生，是卢院士的学生辈，但卢院士很谦逊，有问必答，侃侃而谈，对答如流，一共交流了一个多小时。听过卢院士的汇报发言后，国家能源局的领导、专家后来也陆续到金坛盐矿现场来调研。"2017年5月，盐穴储能项目获国家能源局批复，多年坚持不懈的申报终获成功，成为国内首例，这其中卢强院士功不可没。

"老爷子对解决中国能源结构的瓶颈问题心情迫切，恰巧空气储能项目的发展带来了突破口与契机。"卢强院士的博士研究生王国华补充道。

储能项目组成员提起卢强院士，无不赞叹他的专注与精力。"卢院士经常来储能项目现场，他都七八十岁了，精神却非常好。"

2020年8月18日，盐穴储能项目主体工程正式开工，卢强院士亲临现场。2021年9月30日，盐穴储能项目并网成功，他再度亲临。适逢国庆佳节，双喜临门，当天中午，卢强院士在饭桌上难掩喜悦，破天荒地喝了点红酒，感慨这个国庆节过得比他受邀参加国宴还高兴。2022年5月26日，盐穴储能项目正式投产，因疫情管控，卢强院士在北京家中发表了视频致辞，他略显激动，一字一句地高声宣布："金坛盐穴压缩空气储能国家试验示范项目正式投产！"在致辞中，他再次提到"这是一个为全人类打工的事业"。隔着屏幕，台下的与会者都能感受到卢强院士内心的喜悦之情。为了这场投产仪式，时年86岁的卢强院士精心准备，手写了一份讲话稿。

北京到金坛，相隔千里。一次次的仪式、会议，卢强院士几乎从未缺席盐穴储能项目的重要时刻。即使在疫情期间，卢强院士也努力克服诸多困难，数次到访金坛，竭尽所能地为项目奔走、呼吁。"这样的工作老先生做了一次又一次，真正体现了一个科学家求真务实的精神和科学报国的情怀。"说到这，储能项目组成员的眼眶中充满了点点泪花。

## 二

卢强院士是国内电力学界知名学者，而压缩空气储能项目涉及的主要学科却是工程热力学。在卢强院士看来，"压缩空气储能基本原理就那么简单。当然，做起来还是有点复杂，要下点功夫"。为了更好地推动压缩空气储能领域的发展，年逾70岁的卢强院士在家中下功夫自学工程热力学领域的专业知识。严于律己之外，卢强院士也始终秉持着"将论文写在祖国大地上"的原则，要求学生将理论研究应用于工程实践。

2017年，中盐金坛公司与清华大学共建"卢强院士工作站"，卢强院士及其团队带领公司年轻科研人员致力于盐穴综合利用等方面的研究，帮助解决项目中的技术难题。2018年，教育部在清华大学试点招收100名工程博士，中盐金坛公司王国华进入清华大学成为卢强院士当时招收的最后一名学生。

作为卢强院士晚年招收的门生之一，王国华对老先生的谆谆教诲铭记于心。王国华回忆，工作多年后再回到学校读书，起初卢院士十分担心他的英语水平。"老爷子说，虽然工程博士不强求学英语，但我对你的要求是你不能把英语丢了。"面对这个有些"特殊"的学生，卢强院士还特地请金坛盐穴压缩空气储能项目首席科学家、清华大学电机系梅生伟教授指点他的学业。

王国华提起，卢院士每次来到金坛，金坛公司考虑到老爷子年事已高，要派专人陪同他，都被他断然拒绝。无论到哪里，他都不希望打扰对方。王国华记得有一次，卢院士要去现场看看盐穴工程项目的进度，见到一大帮人陪着他，老爷子心里不乐意，直言："我就不待在这儿了，我还是回去吧，再待在这儿，我就打扰到你们正常的工作生活了。"

## 三

在中盐金坛公司，凡是与卢强院士打过交道的人，都会异口同声提到，儒雅随和是卢强院士给人的第一印象。

2015年5月，卢强院士在南京参加了一场两院院士座谈会，论证金坛盐穴空气储能项目的可行性，聚集院士的力量呼吁政府关注。座谈会后，他来到金坛，参与接待的中盐金坛公司副总经理钟海连向卢强院士介绍金坛的风土人情，卢院士在交谈中打趣道，茅山是江东第一福地，盐穴储能发电站建在茅山脚下是有历史根据的。诙谐的话语迅速消融了初次见面的生疏，打消了钟海连心中对于接待院士的忐忑不安。再次见面是2018年的秋天，江南天气渐寒，卢强院士身着一袭大衣，拎着行李箱，再度到访金坛。参观金坛乾元观的途中，卢强院士得知钟海连在研究茅山历史文化，主动询问了一些有关茅山道士炼丹的问题，他还谈到道士炼丹是中国古代的化学。钟海连说："卢老师的历史人文知识很渊博，其实我介绍的内容他可能早就知道，但他并没有打断我，也没有摆架子，全程都很认真倾听。"

工作之外的卢强院士，热爱生活。哪怕是一碟小菜、一块点心，他都能吃出很多的味道来跟我们分享。饭桌上卢院士也常说起他小时候的趣事。接待过卢院士的许多人，都有此同感。

他也是个十足的古代哲学、文学爱好者。每次出门，卢强院士的行李中必备一本书。中盐金坛公司总经理管国兴是他每次来金坛时的文学同道。他们共同品鉴东坡词，探讨老子的"玄之又玄，众妙之门"。

"众妙之门"是"天道"，但是卢强院士从中读出了"人道"。在卢强院士心中，他为人类打工，就是要给人类指明一个方向，即寻找到"众妙之门"所在。

管国兴回想起最后一次与卢院士见面，面带憾色和一丝伤感，"他很想跟我探讨庄子的《逍遥游》和屈原的《远游》之间的契合之处，可惜我们再也没有这个机会了，无法再听到卢院士来讲他的人生的逍遥游故事，他已奔向了远游的行程"。

# 怀念卢强老师

## ——五十七年的良师兄长

◎ 夏国平

夏国平，1965年考入清华大学电机系，1981年获天津大学系统工程专业硕士学位。20世纪80年代从美国作访问学者回国后，在北京航空航天大学经济管理学院任教授、博士生导师、常务副院长，中国系统工程领域知名学者。

惊悉卢强老师仙逝，哀痛万分，特记下几件往事，以表怀念之情。

1965年，我从安徽合肥考到清华大学。遇到安徽老乡卢强老师当班主任，就像遇到亲人。此后57年，他一直对我这个小老乡关怀有加，他是我永远不会忘记的良师和兄长。

## 一、加强基础课学习

清华同学都是各地的精英，又有那么多课要学习，从哪里入手？卢老师告诉我，第一是基础课，数学、物理、英文最要花时间。第二是专业基础课，如电机系的电工基础。"文革"期间复课的时期，我按这个教导，尽量用英语原版教材，加深基础课，英文和其他基础课都有了长进。改革开放后，比较顺利地考上研究生，而且很快转入新的专业。

## 二、一次诚惶诚恐的学术汇报和一顿最难忘的晚餐

1981年底，我的硕士论文顺利通过答辩。卢老师得知论文是关于国家能源的宏观预测规划，且使用了计算机优化方法，比较新颖，特地请我给发电教研组的老师们宣讲。我诚惶诚恐，认真向昔日的老师们作了汇报，得到老师们的肯定。会后，卢老师亲自下厨，请我和同学吴念乐到家里吃饭。白米饭加炸带鱼，那是一顿最香的永远也忘不了的晚餐。

## 三、鼓励我要敢于创新

研究生毕业后，我到北航当老师。1987年，那时卢老师刚从美国访学回来，而我正要去美国作访问学者了，我特地去请教卢老师。卢老

师谆谆教导，要我既要勤奋学习新知识，又要敢于创新。这是他的经验之谈，他自己就是一位敢于创新又善于创新的人。我初出国门，看到西方的先进知识，按卢老师教诲，既认真学习，又努力创新。20世纪90年代，我从美国回国后，致力决策支持系统和专家系统开发工具研究，小有成就。编著《专家系统开发工具与VP-EXPERT》在清华大学出版社出版，相关的国家自然科学基金和国家"863项目"顺利完成，请卢老师主持鉴定。卢老师虽然很忙，但欣然应允参加并主持鉴定会。该项目获得省部级科技成果奖。

◎ 1981年，作者于发电教研组汇报宣讲

## 四、指导我做好学术带头人

当时，卢老师担任全国政协常委。他在政协会上结识了同为全国政协委员的北航校长沈士团，向沈校长推荐，支持并指导我当好北航经济管理学院常务副院长（学院院长由当时航空航天部第一副部长兼任）。我按卢老师和校长的教诲，大力引进优秀教师，团结学院老师，千方百计给教师创造好的教学科研条件，克服困难，在2001年成功推进北航管理科学与工程学科进入全国重点学科。

◎ 2018年10月18日与卢老师合影留念（从左至右为：吴念乐、卢老师、夏国平）

## 五、发001班半个世纪的导师和兄长

卢老师在20世纪90年代初就被选为中国科学院院士，又当了全国政协常委，太忙了。可是每当我们班校庆聚会，他都尽可能地参加，和每个同学亲切交谈。院士，博导，他的博士生硕士生都数不过来，可他还记得我们这些半个世纪之前的、又是"文革"期间没念过什么书的本科生。我们班的同学都很怀念他，2018年10月18日，我和吴念乐同学按约定到他办公室拜访他。已经82岁的他跟我们滔滔不绝地介绍最新的研究项目：压缩空气储能电站。2022年10月，项目通过验收，他为中国电力事业完成了最后一项世界瞩目的成果。

# 怀念班主任卢强先生

◎ 肖遥

肖遥，中国民主同盟盟员，南方电网一级技术专家，南方电网超高压输电公司正高级工程师（退休）。2012年获国务院特殊津贴，中国电机工程学会会士，CIGRE会员，全国电压电流和频率标准化委员会委员，全国电磁兼容标准化专委会低频现象分专委会顾问，电力行业电能质量及柔性输电标准化专业委员会顾问。

我们1978年入学时的招生专业全称是"发电厂及其电力系统"，毕业时的专业全称已经更改为"电力系统及其自动化"，但一直沿用"发8"简称。1977年清华本专业没有招生，我们"发8"是1977年恢复高考后本专业的第一届学生，因此，教研室特意指派了年富力强的卢强老师担任我们的班主任。

入学后，卢老师常于晚上来我们宿舍与同学座谈，了解各种动态。当得知我们学习上还在沿用中学的方法及对专业内容和方向迷惑不解时，卢老师在第一教学楼借用一间教室，向我们介绍如何由中学阶段快速转型到大学阶段，并对专业内容和方向做了科普性的介绍。

这种全班的交流还组织了多次。

大一下学期，卢老师特请教研室主任王世缨老师来与我们座谈，其中特别谈到他们大学生时代是如何在马约翰老师的指引下，加强体育锻炼，保障体质，应对繁杂的学习重任等经验。后来同学们基本上在下午4:30后去参加各种体育活动。我们班的篮球水平在当年全校各班级排列第一梯队，经常组织与其他班级的比赛。班上还有几名校运动队员：黎沙（校篮球队）、周勤（校排球队）、杨镭（校乒乓球队），邢俊杰还达到国家二级运动员标准……全班首批在清华通过体育锻炼标准后，还得到学校颁发的特别奖励：每人2元的个人奖励用来买了背心，给班级的集体奖励则买了篮球和足球。

大三开始专业课程的学习，卢老师用一个下午的时间向我们介绍教研室各位老师的研究方向及专业动态。在本次交流中，卢老师谈到了1972年丹江口电站因检修人员的失误导致保护误动作最终导致湖北电力系统稳定破坏，差几秒导致武汉钢铁公司报废损坏的案例；还谈到建设中的葛洲坝工程，在建设初期军管代表不顾技术人员的建议和反对，不照技术规程强行浇筑大坝，导致大坝质量不合格而不得不炸掉重新浇筑的惨痛教训。这次交流同学们加深了对专业的认识，为后来选修专业课程、毕业设计选题及考研埋下了种子。

卢强老师早期开拓了电力系统最优控制理论，为我们开设了电力系统最优控制的选修课，几乎全班同学都选修了该课程。在一次宿舍的座谈会上，卢老师特地谈到诺伯特·维纳（Norbert Wiener）创立自动控制理论的过程，以及钱学森创立工程控制论的过程，告诫我们平时应多观察、多交流，且要与不同专业的人多交流，这样可以发现新的问题，找到新的研究方向。

卢强老师特别重视学生实验能力的培养。大一物理实验课期间，卢老师来宿舍时特意向同学索要物理实验报告，检查报告内容和书写规范性。在进入专业课学习阶段，亲自带同学参观和了解电力系统动态模拟实验室，介绍实验室内各种设备的功能和实验方法。大三下学期，为增强对电力系统的感性认识，卢老师与教研室郭永基、相年德、马维新老师一道，带领同学们专程赴官厅水库发电厂参观学习。大四开始，同学们对电力系统有了初步认识后，卢老师和相年德老师又带领我们去北京第一热电厂（东郊朝阳区）见习，前后一周时间，每天往返于学校和电厂之间。

卢老师一生执着于将理论创新应用于实践。1982年秋，我们班分赴新安江水电站和富春江水电站实习。当时富春江水电站一台机组正在大修，大修后重启过程遇到问题无法建立励磁，厂总工请带队的卢老师去帮忙分析，卢老师到达现场后很快就试车成功。

卢老师特别关心同学的生活状况。临毕业前张军海同学生病住西北远郊结核病院治疗，卢老师在同学的陪同下，还骑车往返数十里，专程前往探望和慰问。

毕业时，卢老师应邀给每位同学题写毕业赠言（见照片）。

卢强老师在担任中国民主同盟中央委员会副主席期间，得知肖遥同学有意加入民盟组织，立刻写信向民盟广东省委员会推荐，并作为入盟介绍人。

在毕业20周年（2003年）、30周年（2013年）的同学聚会上，卢强老师亲自前来祝贺，并带来珍藏的美酒与同学分享。可惜，原本相约今年毕业40周年再次聚集于清华园，却传来卢强老师不幸身故的噩耗，悲痛万分。

卢强老师的音容长留我们心中！

祝你成为祖国电力科研战线上的一名优秀战士。

卢强一九八三年七月，

◎ 卢强老师题写毕业赠言（张庆明提供）

◎ 2003年校庆，发8班毕业20周年合影（照片由金永纯提供）

# 怀念敬爱的卢强老师

◎ 魏昭峰

魏昭峰，1983年毕业于清华大学电机系，硕士研究生，正高级工程师。曾任国家电力公司综合计划与投融资部副主任，国家电网公司计划投融资部和营销部（农电部）主任，吉林电力公司总经理；东北电网公司总经理。2009年12月起任中国电力企业联合会第五届、第六届理事会专职副理事长；此外还兼任中国水利电力质量协会会长、中国动力工程学会副会长；2021年5月起任中国电力企业联合会专家委员会副主任；中电联电力设备质量管理标委会主任委员。

1978年国家恢复高考，我从河南豫东一个不起眼的小县城——柘城县，考入清华大学。10月份入校，组建班级后，第一个认识的就是班主任卢强老师。那时候的他大概40多岁，中等身材，干净利落，英俊潇洒，非常帅气，是一位出众的美男子。记得当时他给我们"发8"班（班号）第一次讲话时，嗓音不大，很有磁性，和蔼可亲，循循善诱；讲读大学的学习方法，不能死记硬背（外语除外），重要的是理解和分析。告诉我们不要为了考试而考试，也不要奢望每门课考试都拿高分，因为考入清华大学的大都是当地学校的尖子生。重要的是学会分析问题和解决问题的方法，真正把科学知识学到手。

卢强老师对我生活上的关心永生难忘。1978年10月我们入校时，除大、中城市的同学和留学生外，生活大都不太富裕。作为班主任老师，在助学金评定时实事求是排除异议，给我评定了二等，每月18元补助（一等23元）。这点钱在现在看来根本不值一提，但在那个物质匮乏、经济萧条的年代，物价很低，鸡蛋才几分钱一个，六食堂一份素菜五分钱、荤菜两毛钱，最好的菜好像不超过五毛钱。这不多的助学金，对于家庭姊妹多、经济压力大、生活拮据的我，还是解决了很大问题；减轻了家庭供养的压力，助我度过了5年艰苦的学习生涯。

1983年7月份大学毕业，在最后一次班会上，卢强老师公布了毕业分配方案，我们外地学生大都回到了原籍工作。我被分配到河南省电力局调度所。当他得知我被评为清华大学优良毕业生并被接收为中共预备党员时，拍着肩膀给我祝贺，并鼓励我好好工作，争取为国家电力事业多做贡献。他的话激励我在电力行业一步一个脚印地不断前进。如果说这些年职业生涯做出了那么一丁点成绩的话，是和他当年的教导与鼓励决然分不开的。后来才知道，卢强老师不是中共党员，他参加的是中国民主同盟，曾任民盟中央副主席，作为参政党的一员在中国政治舞台上同样大展风采。

卢强老师是电力系统最优控制学科理论的开拓者和奠基人。我记得我们学习他的最优控制理论课时还是蜡刻版印制的教材，后来成为专业基础课的正式教材，在全国电力专业高校采用。我记得他讲过，对一个寻优项目而言，最好的结果是没有的，只有在约束条件下的最优结果，约束条件变化了，这个结果随之发生变化。记得他讲过，为祖国健康工作，至少要做到三个一：懂得一门专业技能，掌握吃饭的本领；读懂一本书逻辑学，掌握工作的思维方法；锻炼一副好身体，实现为祖国健康工作50年的目标。

卢强老师1991年当选中科院学部委员（后称为中科院院士），是享誉中外的著名电力系统控制专家，是现代电力系统非线性控制学科的开拓者和奠基人。大学毕业参加工作后，我跟他联系不太多，但有时候在一些科技活动中还不时看到他的身影。记得有一次在中国电机工程学会年会上碰到了他，恰巧座位又安排在一起，看到他慈祥的面容、健康的身体，真让我喜出望外。我向他汇报了这些年的简要工作情况，又听到了他对我的关怀和鼓励，记忆犹新！

卢强老师和我们永别了！他用毕生精力教书育人，桃李满天下，为电力行业培育了很多精英人才，为我国电力工业的科技进步做出了不可磨灭的贡献。他英俊潇洒的音容笑貌，豁达开朗的人格魅力，远见卓识的学术贡献，给我们留下了宝贵的精神财富！

我怀念敬爱的卢强老师！

# 深切缅怀敬爱的卢强院士

◎ 王继业

王继业，国家电网公司副总信息师，教授级高工，长期从事电力系统信息化、数字化工作。曾担任信息通信部主任、大数据中心主任，2002—2007年师从卢院士攻读博士。

我和卢强院士相识于2000年底，当时卢老师在2000年第9期《电力系统自动化》上发表了《数字电力系统（DPS）》的论文，在《中国电力》上发表了《新世纪电力系统科技发展方向：数字电力系统（DPS）》的文章。因为我当时在中国电力信息中心工作，着力于推动电力行业信息化的相关工作，因此看到这两篇文章后十分激动，这是国内外最早的关于信息技术与电力系统紧密结合的文章，而且数字电力系统的概念也很新颖，比之后国内外提出的智能电网概念早好几年，所以我当时就迫切想就此概念请教卢院士。正好在一次交谈时偶尔得知中心时任副主任孙嘉平先生与卢老师是清华电机系同学，就希望孙主任介绍认识一下，孙主任欣然同意，并建议我读卢老师的博士，于是才有了2002年经过考试入学正式成为卢老师的学生。值得说明的是，两位老先生既是同学，私交也很好，在工作上经常相互交流，他们都在中国电机工程学会相关专委会任职，所以经常交流电力系统应用信息技术、数字技术的话题，后来我2007年毕业后也陆陆续续参加了一些讨论和交流，受益匪浅。更值得怀念的是，两位老先生在2022年12月份相继离世，在卢老师23日驾鹤西去后，25日孙先生追随而去。两位老朋友并不寂寞，可以在天堂继续他们的新型电力系统和能源互联网的讨论了。

卢强院士是世界著名的电气工程科学家、国内外公认的现代电力系统非线性控制学科的开拓者和奠基人，在电力系统线性和非线性最优控制、电力系统灾变防治、数字电力系统、压缩空气储能等方面，均做出举世瞩目的开创性成果，出版了多部经典学术专著。他倾注毕生心血教书育人，培养了一大批电气工程专业人才，为我国电力科学技术进步和电力工业的快速发展做出了不可磨灭的贡献。

和卢老师相识20多年来，卢老师的言传身教，他的大师风范、严谨的治学态度、精益求精的科研作风、高深的学术造诣和忘我的工作精神使我终身受益。

## 一、大家风范，和蔼可亲

卢老师曾任国家重点基础研究发展计划（"973"计划）"电力大系统灾变防治"首席科学家，先后主持完成国家自然科学基金重点项目"电力系统非线性鲁棒稳定控制"和"电力系统智能控制"，国家发改委高技术示范工程"输配电系统混成控制系统"，国家重大科技攻关计划"三峡发电机组非线性励磁"等10余项国家级重大科研项目。2001年4月美国克鲁沃（Kluwer）学术出版社出版了他的《非线性控制理论与电力系统动态》（英文）一书，是世界上第一部系统论述电力系统非线性鲁棒控制问题的学术专著。此外，卢老师创建的电力系统混成控制理论，成功应用于东北电网互联、上海电网和深圳电网智能调度自动化系统。他是名副其实的"大先生"，曾任全国政协常委、民盟中央副主席，在学术上、政治上都很有分量。但他没有一点架子，和同事、学生仍然打成一片，保持了一名学者的初心和谦虚儒雅的作风，像平时一样教学、研究、讨论，就像邻家的老爷爷一样和蔼可亲。

## 二、视野开阔，勇于创新

在科研和学术上，卢老师毫不含糊。他善于学习，勤于思考，能够从技术发展中敏锐发现最新前沿性方向，积极研究讨论并付诸实施。就像数字电力系统（digital power system，DPS），他超出国内外同行至少5年时间提出，也为之后的智能电网（smart grid）的提出奠定了基础。他描绘了DPS的前景，说"在这个系统中，可以实时地、数字化地显示真实电力系统，研究真实系统的问题，可以做预测、做控制，最终建立与真实电力系统并行的数字电力系统，这是两张平行且相互联系的网"，20多年前提出的概念和现在的数字孪生、元宇宙概念十分相近。对于特高压，他积极支持，并不断鼓励电网公司和设备制造商大胆创新。对于能源互联网，他高度肯定，并提出了推进建设的相关建议。对于电磁理论的应用，他全面支持和推动。尤其是随着双碳目标的提出和新型电力系统的建设，他的眼光瞄向了绿色储能，即压缩空气储能。他认为，盐穴非补燃压缩空气储能技术是实现新能源大规模消纳、建设新型电力系统的重要支撑技术，对促进我国能源结构升级和保障能源电力行业可持续发展，具有十分重大的意义。于是我们提出并组织了世界上第一座无补燃压缩空气储能发电系统的研发，并于2022年5月在江苏常州实现投产。他绘声绘色地向我们描述了压缩空气储能的各种应用，尤其是利用大量的废弃煤矿、盐矿及其他金属矿等，既环保又有效利用，能源转换效率较高，完全无污染、纯绿色化的效果，甚至包括压缩空气电池的设想等。他对最新的信息技术、数字技术也密切跟踪，不断考虑引入电力系统的可能性，他说我国电网应利用无处不在的传感器，将电力运行和使用数据接入大数据平台和内网的"云"，提高电网的可观测性和调控能力；AI技术也可以应用到电力系统，实现"多目标自趋优"目标，电力系统就成为广域机器人调度控制系统；强调核心技术必须掌握在我们自己手中，我们一定要自主研发自己的软件系统。

## 三、认真严谨，严格要求

卢老师严格要求自己，也严格要求学生，同时认真细致、热情指导。他平时坚持锻炼身体，每天骑自行车（年纪大后改成电动车）到教研室，保证必要的运动量，保持头脑的清醒和身体的健康。记得我在博士论文开题时，曾乐观地认为可以用3年时间完成，卢老师则认真地指出3年时间是不够的，而且要完成的学习任务还很多，要完成的工作也很多，希望我调整学习计划，最后在我调整计划后确实用了5年时间才完成。在论文内容方面，结合我的工作实际以及信息技术发展的最新成果，明确了利用网格技术研究电力信息资源的整合问题。当时云计算概念还没有出现，网格计算作为云计算的前身，也得到了卢老师的高度重视。他一直说，网格计算与电网大有渊源，两个都叫grid，如果能够结合起来将有大的突破。为此，卢老师及团队研究了电力

◎ 2007年6月作者与卢老师在博士答辩会上合影

◎ 与答辩委员会合影

网格技术、信息网格技术并发表了大量文章。当时研究利用网格计算和信息资源整合，不正是今天大数据和云计算的普及应用和电力大数据卓越价值的发挥吗？这也充分说明卢老师当年选题的前瞻性和富有远见。卢老师鼓励学生要有想象力和创造力。首先要有想象力，想象是创新之门，如果你都不敢想，怎么可能提出新概念、研究新技术、完成新成果。为此，卢老师多年来一直坚持和团队每周举办一次研讨班，从不间断。研讨班形式多样，涉猎的范围也很广，有学生汇报自己学习进展的，有老师讲自己科研心得的，有外请专家学者来做学术报告的，然后大家进行讨论，没有任何限制，天马行空，充分展开思想的翅膀尽情飞翔。通过这些活动，老师和学生们开阔了视野，提升了创新突破的能力。

卢老师虽然离开了我们，但他的音容笑貌、他的丰功伟绩永远留在我们心中。他的教学和科研成果，将在中国电力事业发展史中留有重要位置，他是电力事业的一座不灭的丰碑！

# 怀念恩师卢强老师

◎ 阮前途

阮前途，浙江上虞人，博士，教授级高级工程师，现任国网福建省电力有限公司董事长，曾任国网上海市电力公司总经理，国网澳洲资产公司董事长、国网国际澳洲分公司总经理，菲律宾国家电网公司首席技术官、董事等职务。

我是1981年考入清华大学电机系的。自从学习专业课之后，就开始关注系里的一些老师了。其中就有卢强老师。

印象最深的是传说中卢老师带学生去工厂实习，恰逢厂里一台电动机故障。卢老师二话不说，立马动手将电动机修好了云云。作为一名工科学生，对这样的动手能力，我自然是非常向往的。希望自己毕业后也能够随手就在现场将哪台电机给修好。当然，迄今毕业已经37年了，这样的事情我从来没有遇到过，事实上我也根本就不会修。只能在跟晚辈们聊天的时候说一下卢老师的这个传说，让他们知道，我是不行，但我老师行。

五年级的时候我读到了卢老师的那本他与王仲鸿、韩英铎老师合写的《输电系统最优控制》，静下心来尝试着读过好几次，但终于在大堆大堆的微分方程面前知难而退了。只知道这个最优控制的应用之一是发电机的励磁调节系统的控制方面的，且很成功，再就是通过这本书知道了卢老师在数学上的造诣是很深的。然而，直到1986年我毕业离开清华，始终没有见过卢强老师。后来知道，那一段时间卢老师是在国外做研究。

2003年年初，我在江苏电力公司工作，适逢我大学时候的辅导员赵伟老师莅临南京。在我的一通汇报后，赵老师似乎发现我的求知欲依旧很旺盛，就激励我应该回清华来攻读一个博士学位，并根据我当时的工作情况推荐了卢强老师。当然赵老师也告诉我，卢老师的博士不好考，要做好考不上的准备。这一年的夏天，我带上自以为最得意的几篇论文到清华拜访了卢强老师。卢老师详细询问了我过往的工作学习情况与科研情况，表示愿意招我做学生，前提是必须经过博士统考，尤其是英语。于是我参加了2004年的博士入学统考，很幸运，顺利通过。其中英语成绩尤其让卢老师满意。从这年的7月份开始，我正式投入卢老师门下，开启了与卢老师的师生情缘。

卢老师的学生有很多。学问做得比我好的也多的是。有关卢老师治学严谨、平易近人、为人师表以及他如何指导学生做论文等方面的介绍文章已经汗牛充栋，我跟大家的意见都是一致的，不再赘述，我这里就写一点自己印象深刻的事情。

2007年是很值得我怀念的一年。那一年在卢老师的悉心指导下，我通过了毕业答辩，这当然是大事。但我想说的是另外一件事情。

那一年，上海市人民政府发布公告，按照国务院《国家突发公共事件总体应急预案》的要求，根据上海电网夏季用电负荷紧张、故障频发的特点，由上海市人民政府主办，国家电监委、国家安全监督管理总局会办，在6月20日举办有史以来规模最大的全市性的针对电力突发公共事件的应急联合演练。涉及政府、电力、公安、金融、交通、医院、商场、通信、工厂等十多个部门与行业。这样规模的演练，按当时的了解，实际上在国家层面上也是第一次。卢老师是这一次演练的专家组组长，作为他的学生的我出任了电力系统部分反事故演练的现场总指挥。从方案的制订到实施，其中各种细节的考量等，卢老师都给予了悉心的指导，并在最后演练结束给出了高水平的评估意见。随后卢老师和我一起接受了各路记者的采访。第二天一早的上海人民广播电台的990早新闻节目播放了卢老师和我接受采访的录音。当年收听这个早新闻节目是上海人上班路上必备的节目。我也不例外，每天是一上车就收听的。听完新闻后我接到华东公司一位领导的祝贺电话，尤其称这一天"浦江两岸全是你们师徒两人的声音了"。祝贺之余，其羡慕之情溢于言表。16年过去了，许多演练的细节都已经记不清了。但每想起这个情节就让我觉得很温馨。有老师做后盾的那种安全感，在我的职业生涯中是太难得了，难以言表。

后来，我们把这个反事故联合演练的成果总结成了城市电网灾变防治系统的建设。2012年，这个项目获得了国家科技进步二等奖。卢老师居功至伟。

　　另外，给我印象深刻的是卢老师在网球场上的潇洒与勇猛。那时卢老师已经年过70了，但步履矫健、身板硬朗。自从听说我偶尔也打网球，卢老师就很开心，一有机会到上海就要拉着我打上几场，而且是一定要我做对手而不要我做搭档，估计是嫌我水平太差。每次一开打，卢老师总是一招一式，有板有眼，且前冲后突，左右开弓，底线守得很稳，还经常一路杀到网口，只要有赢球的机会就毫不放松。只是卢老师一到网口，我们这些站在对面的就不会打球了。我当时是找了一位专业水平的教练做卢老师的搭档。但卢老师总是很敬业，经常跟教练抢球。直到有一天，卢老师在球场上结结实实地摔了一跤。当时我跟那位教练都脸色瞬间发白。虽然卢老师立刻就起来并一再强调没有问题，我还是再也不敢与卢老师那样打球

◎ 与卢老师进餐时合影

了。只是他的这股潇洒勇猛劲儿，一直留在我的回忆里，时而也会想起等我到了70多岁的时候是不是也能够像卢老师在球场上那般潇洒呢。

2007年年底，我被调到菲律宾，到该国的国家电网公司任职去了。从此与卢老师见面的机会锐减。但每次回国述职或有其他机会来北京，我总是与卢老师要见上一次两次的。汇报一下我的工作经历与海外见闻。听听卢老师的指导意见，从工作到生活。只是没有想到我在海外工作的时间会那么长，从菲律宾短暂回国后又被调到了澳大利亚任职去了。

2019年3月，我从澳洲正式调回上海工作。我第一时间向卢老师做了汇报，6月19日，我找机会到北京与卢老师见面并共进午餐，卢老师谈笑风生，满面红光。本以为就此岁月静好，今后可以多来几次北京，有更多的机会见见卢老师了，不料却又遇上了新冠肺炎疫情。

2021年4月16日我到北京开公司季度会，返沪前到学校看了卢老师并共进晚餐，一如既往地聊得很开心，还合影留念，卢老师双目炯炯有神。只是没有想到这是我最后一次见到卢老师。

2022年12月23日我自己还在福州跟新冠抗争，却一早得到传闻，立刻找梅生伟老师求证，没想到噩耗是真的。

一阵心痛，一声叹息。关山远望，奈何奈何。

云山苍苍，江水泱泱。先生之风，山高水长。

# 功德耀千秋 风范永长存
## ——追忆恩师卢强院士

◎ 李锐

李锐，2006年考入清华大学电机系，师从卢强院士，工学博士，正高级工程师。长期从事电网企业管理工作，历任深圳供电局有限公司副总经理，南方电网公司生产技术部副总经理、创新管理部总经理，现任广东电网广州供电局党委书记。

2022年12月23日，恩师卢强院士逝世，惊闻噩耗、悲恸难抑。恩师谆谆教诲犹在耳畔，音容笑貌历历在目。数月已过，仍难以释怀，撰以此文，缅怀恩师，以寄哀思。

## 春风化雨　润物无声

初识恩师，是在2003年。"美加大停电"事故发生后，卢强院士作为电力系统权威专家，以国家重点基础研究发展计划（"973"计划）"电力大系统灾变防治"首席科学家的身份，受邀参加南方电网公司电网防灾课题研究。在交流过程中，卢老师思维敏捷、见解独到，令我和同事茅塞顿开，他的谦和儒雅、高风亮节，更是给我留下了深刻印象。

2005年，我下定决心报考卢院士的博士生，当年考到第二名，要被调剂到深圳研究院，出于对卢院士的景仰和内心的执着，于是锲而不舍再备考。第二年终于考入卢院士门下，有幸成为他当年唯一的博士生，这也是我今生莫大的荣幸！

忆良师箴言常在耳。老师常说，成就的取得离不开自身的勤奋和刻苦钻研，教师的作用是为学生指明方向，让他少走弯路，提高效率。

毕业后在工作实践中，我不断遇到新的问题，通过持续学习以及和老师的互动，不断总结、破局，开创性构建了接轨国际、面向监管、数字化支撑的具有南方电网特色的资产全生命周期管理体系，取得了卓有成效的管理效益，在国内资产密集型企业中开创了先河、树立了标杆。所牵头的"对标国际的资产管理体系"项目入选"国有重点企业管理标杆创新行动标杆项目"，推动南方电网资产管理工作实践得到国家层面认可。这些成绩的取得，得益于读书期间卢院士的亲自点拨、传道授业解惑，还有梅生伟、沈沉两位老师的共同指导，也为我事业的发展奠定了厚重的基础。

## 师恩难忘　情谊永存

每次到北京出差，我都会去看望老师。还记得卢老师八十大寿时，马伟明院士等业内专家和老师及众多学生齐聚一堂，老师侃侃而谈，用一个PPT对自己的学术生涯进行了回顾，令人印象深刻。

2022年6月，在老师家中长谈了1小时。老师非常关心我个人的情况，也谈到空气储能和数字电网的发展，这与我们南方电网公司提出的"两化协同、两型建设"不谋而合。由于疫情阻隔，这次见面竟成永别。2022年12月23日，惊闻噩耗，犹如晴天霹雳，未能见老师最后一面，终身遗憾！

卢老师在学术以外，热爱运动，尤其喜欢打网球。2004年在深圳参加学术研讨会议时，我有幸陪年近70岁的老师打球，老师身姿矫健、球技精湛。在生活细节上，老师以身作则、要求严谨，这些一直影响着我，激励着我。至今，老师的全套装备仍留在我深圳家中，每每睹物思人，感慨万千！

## 泰山北斗　高山仰止

"我们要建设的不只是世界上地域分布最广，而且也是世界上最安全的电力大系统"，老师一生都在为此而努力。改革开放40余年来，我国电力系统在调度控制方面取得了巨大的发展和成就。老师作为业内公认的电力系统非线性最优鲁棒控制学科体系的开拓者和奠基人，在电力系统最优控制等领域的理念和研究成果，有力推动了我国电力系统调控自动化水平和理念的提升。老师曾说，他不怕自己默默无闻，只想实现新的梦想和跨越。他犹如一个行者，为了挚爱的科学事业上下求索，撑起了我国电力飞速发展的脊梁。

恩师一生心系我国电力系统教育和科研事业、心系我国能源电力发展、心系我国电力人才培养，呕心沥血、鞠躬尽瘁。"云山苍苍，江水泱泱，先生之风，山高水长"，吾辈定会对恩师的儒雅之风、学者风骨、长者之德、师者之恩铭记于心，薪火相传、发扬光大！

恩师的科学功绩和崇高品格永存！

恩师卢强院士千古！

# 先生桃李满天下，何用堂前更种花

## ——忆我与恩师卢强院士二三事

◎ 沈沉

沈沉，清华大学电机工程与应用电子技术系教授。1993年、1995年、1998年分别获得清华大学电机工程与应用电子技术系电力系统及其自动化专业学士、硕士和博士学位，师从卢强院士。清华大学学位委员会委员，电气工程学科学位分委员会主席，清华四川能源互联网研究院能源数字化研究中心主任，能源电力系统数字孪生研究所所长。

先生驾鹤西去，永远离开了我们。每当想到这里，心中总有一股莫名的悲伤难受。再想到先生钟情的事业还有许多没有完成，更有种"子欲养而亲不在"的共情。成为先生的弟子超过30年，点点滴滴恍若眼前。

1990年，大三的我入选学校的"因材施教"计划，加入先生的课题组。先生安排同组的师兄李国杰带我参加一些简单的科研。虽然和先生交流不多，但是也逐渐熟悉起来了。92—93学年度的秋季学期，我选修了先生英文授课的《线性最优控制》。这门课早晨7:40开始。有一天早晨我上课迟到了，悄悄从后门溜进了教室，心里期盼先生不要注意到我。但先生偏偏看见了我，停止了授课。他对着我说："站住，你叫什么名字？"我尴尬极了，羞愧地回答先生说我是谁。先生没有批评我，继续授课，但我从他的眼神里看出了责怪和失望。我明白，先生是在以这种方式提醒我，守时是守信的基本体现，从此我再也没有迟到过。

1993年，先生的《电力系统非线性控制》一书正式出版。先生给他的弟子一人赠送一本。我请先生在扉页上给我题个词，先生愉快地答应了。本以为先生只是给我签个名，哪知先生沉思了一小会儿，在扉页上给我写下了这么一句话："年轻的一代超过年长的一辈，这是历史发展的必然。我热切盼望这一天早日到来。"先生满含期望地把书交到我手上，我连忙说："卢老师，我怎么可能超过您呢！"先生认真地说："如果一个老师，他的弟子个个都不如他，那他一定不是一个好老师。如果真的是弟子不如师，那岂不是一代不如一代？那这个社会还怎么进步啊！"我觉得先生说得太对了，偷偷地憧憬有一天能够超过先生，心里涌起一种莫名的兴奋。我在先生80岁的生日宴会上向先生表示，一直都在努力想超过先生，但是，自己明白和老师还有很大差距。不过没有关系，在以后的日子里我还会向这个目标奋斗。如果自己做不到，就帮助学生努力做到。我看到先生笑眯眯地看着我，眼中充满了鼓励和期许。

1993年本科毕业，我成为了先生的博士生。1995年春天，正在日本九州工业大学讲学的先生突然联系我，说安排我到日本访学半年。那年头出国留学的学生还非常少，我简直喜出望外，很快就办好手续到了日本。先生把我的工位安排在他的办公室，于是除了工作，我有更多的机会和先生谈天说地。先生喜欢古典音乐，每天下午到一个固定的时间，他就会打开音响，让我们的办公室里面飘着淡淡的背景音乐。先生工作的间隙，还每每给我介绍曲子来历、作曲家的轶事。直到今天，每当听到古典音乐，我还会不由自主地想起那段美好的时光。

转眼到了1998年1月，我博士毕业了，计划去美国做博士后。我知道先生希望我留校，所以背着他联系国外的合作老师。3月份，我联系好了，于是在一个下午去先生的办公室向他说明我毕业后的打算。我敲开先生的办公室，先生正趴在办公桌上写着什么。看我进来，先生停下笔看着我。我嗫嚅着告诉先生，我想去国外做博士后。先生脸上明显地流露出了失望的表情。先生盯着我一字一句地说："我当初送你去日本，就是希望你在看过发达国家以后，能够安心地留在学校里做科研。"说完这句话以后，先生就埋头继续写他的东西了。我站在先生的旁边，手足无措，非常尴尬。待了一会儿，见先生不再理我，只好悻悻地退出来，回到了自己的办公室。我刚坐下，先生的电话就打过来了。他说，如果我需要，他可以给我写推荐信。他还说，希望我在国外学习一段时间后能回来，为国家做贡献。先生的话把我感动得眼泪都快掉下来了。2002年初夏，我决定回国，于是联系了先生。先生非常高兴，很快地为我办好了所有的手续，让我顺利回到了清华。先生就像父亲一样，虽然希望学生按照自己设计的道路前进，但是却十分尊重学生的选择，支持学生做自己想做的事情，过好自己的人生。先生对待学生的态度也深深地影响了我，我也希望我的学生有他们美好的一生。

　　我的孩子出生后，我请求先生为孩子起一个名字。先生很高兴地答应了。为了起这个名字，先生翻阅了大量文献，给出了近10个候选的名字。先生把每个名字的出处、内涵，是否是常用字，是否好发音都解释得清清楚楚，满满当当手写了两页A4纸。最后，先生着重推荐了"敦临"二字。他说，这2个字出自《易经》的"临卦"，卦辞说"厚德载物，是为敦临"，和清华的校训吻合。看得出来，先生对清华充满了感情。2013年，恰逢先生曾上过课的1988级同学毕业20周年。发8班同学找到先生，希望先生能为以前的弟子写几句话，提点希望和要求。先生很是高兴，欣然写下"四然"：奋然、超然、释然、悠然。先生说，如果能够在生活中将这"四然"恰时自如地交替，必有裨益，所以将这"四然"赠送给88级同学。又是10年过去了，今年是88级同学毕业30周年，想必同学们对这"四然"的理解愈发深刻，可惜，同学们再也没有机会聆听先生的教诲了。

　　云山苍苍，江水泱泱，先生之风，山高水长。愿先生在天堂安息！您永远活在我们心中！

# 追思恩师卢强院士

◎ 刘锋

刘锋，重庆永川人，研究生学历，博士学位，清华大学电机系长聘副教授，现任电力系统研究所副所长。

2022年12月23日，恩师溘然辞世。这几个月来，恩师音容笑貌时不时出现在眼前，仿佛从未离去，也永不会离去。

## 一、初识恩师

我第一次见到卢老师，要追溯到1997年本科生自动控制原理的课堂上。当时的任课老师黎雄老师曾是卢老师的博士生，因此他特地请卢老师来给我们上第一节课。卢老师是控制领域的大家，从原理到装备，亲手研制了世界上首套线性最优和非线性最优励磁控制器。我们这些本科生坐在下面，看到卢老师这个传说中的大人物西装革履、大步流星地走上讲台，开始给我们上课。具体的上课内容已然模糊，只记得卢老师从一开始励磁控制被国外技术所垄断，产品全都要从外国进口，讲到线性励磁和非线性励磁的自主研发，他如何在复杂的公式推导中度过一个个不眠之夜，如何在冰天雪地中一次又一次地试验直到最后取得成功，讲到一代代科技工作者如何砥砺奋进，以身许国。这场"非典型概论课"让当时的我非常震撼，并最终指引我追随卢老师成为一名科研工作者。

## 二、事业上的引路人

回顾过去，突然发现我人生中几乎每一个重要节点，都有着卢老师睿智又坚定身影。

第一是在读博士这件事上。1998年的推研季，我大着胆子，甚至可以说是有点冒昧地找到了卢老师，希望能够成为卢老师的博士生。之所以说大胆，是因为当时我的成绩在全年级并不顶尖，可能20几名，而卢老师是我们系里两大院士之一。但是出人意料的是，经过两次长谈，卢老师最后真的将我收为弟子，还鼓励我不要因为考试成绩的事情忧虑，研究生的成绩要在科研中才能真正体现。想来可能是因为两次谈话中，卢老师对我的性格、学习以及一些想法相对比较认可。我为自己有这样幸运而开心，但又有些惴惴不安，深恐自己能力不够，会辜负卢老师对我的期许。

第二是关于我的博士论文选题。当时我基于自己前期的一些科研工作，做了一个关于STATCOM控制器设计得非常详细的研究计划。我觉得这是一个有难度的工作，而且也做了充分准备。但是卢老师听了我的汇报后沉默了好一阵子。他告诉我，我们清华的博士生在选择研究课题的时候，不仅要考虑课题研究本身，还要从站到更高的高度去思考，要有勇气去选择一些更加基础、更加重要、更具有挑战性的工作，要有雄心通过博士论文研究去推动学术界、工业界的发展。比如，三峡现在建成了，这必然会对全国整个电力系统产生大的影响，你能不能以此为背景，从全国电力系统从运行到市场整体架构设计的角度来做你的博士论文呢？或者你想要做理论，那就尽可能把理论做到最深最基础。电力系统是一个复杂的、巨维的微分代数方程系统，你能不能够对这个微分代数系统的动力学行为和控制设计的理论做深入探讨，这样我们以后去设计复杂的非线性电力系统控制器就有一些必要的工具了。我考虑了一个星期后，认为卢老师指导的两个方向的课题无论从哪个角度来说都比我原先的课题要宏大得多和重要得多，但是基于我对数学的偏好，最终还是选择了第二个做微分代数系统理论的课题。卢老师当时还略有一点遗憾，因为他觉得理论工作固然重要，但是考虑对国家的影响，第一个课题更加重要。但是卢老师还是选择尊重了我的想法，支持我继续去做理论。在卢老师的指导下，最终我的博士论文获得了全国优秀博士论文。论文研究本身非常艰难，但是假设我如果选择的是原来的课题，可以想见是不可能取得这样的成绩的。现在我也已经做了近10年的博士生导师，在指导学生选题的时候也延续了卢老师当年对我的教导，鼓励学生尽量去选最重要、最有价值的问题作为研究方向。

第三是关于我的工作。在我毕业找工作时，因为我的理论研究做得不错，卢老师希望我能够留校当老师。当时的对话我至今依然记得，卢老师在办公室语重心长地跟我说，他作为导师，特别希望学生们能够站在他的肩上，取得比他更好的成就。当时的我在学校度过了很久的学习研究生涯，颇为厌倦，因此希望去工业界闯一闯。卢老师听完后思索了一阵，表示支持我的想法，并且大力推荐我到上海电力公司，让我有机会进入工业界、深入理解实践与理论的异同。

第四就是我从上海电力公司回到清华。2007年我拿到了全国优秀博士论文，在2008年时，我又跟着卢老师拿到了国家自然科学二等奖。这之后卢老师就打电话询问我，在上海电力公司过得快乐吗？是不是找到了当初希望的那种生活方式？单从工作强度和收入的角度而言，在电力公司的工作非常不错。但我性格比较自由，喜欢去探索未知的东西，而电力公司特别注重安全生产，必须要按既定规章制度做事情。卢老师听了我的感受后立刻问我要不要回清华，说如果我回清华的话他就向学校打报告申请把我调回来，所以我从工业界又回到了学术界。现在想来，卢老师应该比我自己更清楚地知道我更适合做科研，只是他并没有强迫我留在学校，而是放任我去更广阔的世界闯荡，以寻求到自己内心真正热爱的东西。

第五就是去年7月份我准备长聘副教授的材料时，卢老师特地把我叫到家里去，逐字逐句地给我改稿子。当时我脑海中不禁浮现出一个熟悉的画面。在22年前也就是2000年的时候，我正在准备投出我人生中第一篇英文会议论文，要把英文摘要发给审稿方。我花了一个半小时写了大概150字的摘要，自觉不错。当时卢老师因为改Kluwer出版社出版的《电力系统非线性控制》那本书过度劳累而住进了校医院的ICU，尚在留院观察。我去探视的时候，就跟卢老师提及此事，因为卢老师身体原因，我是打算先投出去。卢老师让我把摘要打印出来，字要放大一点，中间两倍行距，再给他送过去，他要给我修改。卢老师让我在旁边坐下，自己逐字逐句地修改，一边修改，一边告诉我为什么要这么改。中间有一个地方，卢老师在旁边写了两个单词，嘱咐我回去查一查词典和例句，看看用哪一个更准确。卢老师改了足足两个多小时方才定稿，算下来比我自己写摘要的时间还长。这个画面又跟卢老师修改我陈述稿的画面慢慢重合起来，所谓先生之风，既在山高水长，亦在卢老师笔下的一点一画。如今再回到微信上，看到卢老师在我最终通过长聘后发来的祝贺，深感恩师给我的教诲与帮助数十年如一日，可惜疫情原因，竟未能当面说一声谢谢，成为我毕生遗憾。

## 三、生活中的领路人

卢老师也有特别童真的一面。2003年我趁着暑假去西藏骑行，回来后头发很长，皮肤也晒得黝黑，卢老师在看到我后突然说了一句"锋哥回来了"。说实话我当时颇为不安，因为卢老师作为政协常委、院士、我的导师，竟然喊我"锋哥"，我一时间不知道怎么接，因为不答应不好，但是应了更不对，卢老师见我惶恐的样子还安慰我。我猜是因为我的师弟师妹们总是这样叫我，沈老师偶尔也会开玩笑这么叫我，所以卢老师也跟着这么叫了一下。后来我每次想起这件事，都会觉得卢老师虽然年事已高，但是内心永远保持着一种童真和童趣。

另外一件让我印象深刻的事是2004年6月左右的时候，我正在准备毕业答辩。因为天气比较热，我皮肤过敏了，卢老师把我叫到他的办公室，我开始以为是要考察我的毕业答辩的准备情况，结果他递给我一张小贴纸，上面写了不知道从哪里找来的一个偏方，他说对皮肤有好处，让我拿去试一试。这张小纸条我至今保存着，但是自己也不知道保存在哪里了，找了好几次也没能找到，我希望有一天能够突然将它翻出来。就和人的记忆一样，特意去找的时候可能找不到，但是无意中就会突然跳出来，那些不可取代的细节、那些看似微小但实际改变了人生轨迹的谆谆教诲，会再次闪现，在不经意间重逢。我始终期待着这一天。

# 怀念我的恩师卢强先生

◎ 胡伟

胡伟，清华大学电机系研究员、博士生导师，1998—2002年师从卢强院士攻读博士研究生。胡伟博士是中国电机工程学会和IEEE的高级会员，英国IET Fellow，近年来一直致力于电力系统智能分析与控制、源网荷储一体化、多能互补与综合能源系统等方面的研究工作。

惊闻卢老师去世之噩耗，悲痛至极。回忆和卢老师相处10年的点点滴滴，有无数感动、感恩和值得我铭记的瞬间。卢老师的为人、为学的风格在我身上也留下了深深的烙印，卢老师的品格、思想亦是我取之不竭的精神财富。想起卢老师对我的教诲，可谓谆谆如父语，殷殷似友亲，如今沉思往事，无限感伤。

## 一、为师尽责敬业

卢老师是我本科和研究生期间的指导老师。最开始见到卢老师的时候我还是有点距离感的，毕竟他是院士，而我只是一个本科生。但是老先生对我非常的和蔼可亲。在我写完第一篇科技论文后，大着胆子拿给卢老师请他批评指正。卢老师拿回家认真修改了好几天，然后才返回给我，而且还表扬我说论文写得不错。但是我接过论文的时候，就发现上面密密麻麻的全是卢老师给的批注和修改意见。随后卢老师还仔仔细细地给我耐心解释论文的每个部分该怎么写、怎样描述更准确。我当时非常感动，没想到卢老师作为一个院士还会亲自指导一个本科生写的论文，并付出很大的时间和精力帮我修改，还和蔼可亲地激励我们继续加油，完全是把学生当作自己的孩子一样对待。在卢老师的影响下，我后来也选择了科研道路，并在指导学生科研工作的时候身上也有着卢老师的影子。

## 二、鼓励学生全面发展

卢老师对学生的要求是全方位的，不仅局限于写文章发成果，而是从学生的全面综合发展角度对学生予以教导。卢老师时常鼓励我们课题组的学生都要找到一个能够陪伴自己终生的体育爱好；他自身酷爱打网球，耄

◎ 卢老师在组会

◎ 卢老师在海边

耋之年依然坚持。在卢老师的激励下，我们组织了课题组羽毛球队和网球队。卢老师身体力行地给予我们支持，甚至亲自写了一些打网球的技巧、要点，并给每个同学都复印了一份。我现在做本科生班主任的时候，也会把卢老师的要求传承下去，建议他们一定要找到一个陪伴自己终身的体育运动。

## 三、为学坚韧刻苦

卢老师有过国外留学的经历，那时候虽然有国家的津贴帮助，但是过得依然很辛苦。和我们聊天的时候也提起过当时的窘境，有一次使领馆的补助迟发了好多天，身上没有钱了，就去咖啡厅点一杯最便宜的咖啡，然后拼命续免费的牛奶，把牛奶攒起来作为自己每天的口粮。在这种艰苦的条件下，卢老师不仅坚持了下来，而且将国外先进的学问带了回来。卢老师这种坚忍不拔的毅力与刻苦求学的精神是给我们留下的一笔宝贵的精神财富。

## 四、忘我的工作精神

我刚留校任教那几年，在组里担任卢老师的助手，时常陪卢老师出差。当时卢老师的身体已经不是很理想了，但是依然为国家科技进步竭尽心力。记得有一年我陪卢老师去南京出差，半夜卢老师在酒店里突然流鼻血不止。我们将卢老师送去医院急诊，发现卢老师的鼻腔有一些问题，处理完回到酒店已经是凌晨两点多钟。但第二天一早卢老师依然精神抖擞地坚持参加各种学术交流和讨论，这让我非常感动。

卢老师也一直很关心其他学校的发展。我陪卢老师去过湖南大学、广西大学、南昌大学以及三峡大学。不管到何处，卢老师都乐此不疲地和老师们同学们交流，希望能把我们一些先进的经验传播出去。甚至当我们到宜昌时，卢老师还应清华本科招生组的要求去好几所高中给学生们做了报告。

此外，卢老师非常重视培养年轻人，给予了年轻人非常多机会。记得有一次在北交大做报告，卢老师让身为助手的我上台替他去讲，希望我不要总是被动地跟着出差，而是能够通过去前台锻炼获得一些经验。从这个意义上讲，卢老师真正在为科技的代代传承鞠躬尽瘁，这种高风亮节让我非常敬佩。

## 五、对待学生亦师亦父

于我个人而言，卢老师一直像慈父一般一直关心和呵护我的成长。在当年清华和国外交流合作很少的时候，卢老师就自筹经费让我在读博士期间去英国大学进行交流学习，同时在课题组里开拓新研究方向时也让我积极参与。在生活方面，我当年留校后没有住处时，卢老师想办法帮我解决；在我结婚的时候卢老师都是亲自做主婚人。卢老师对待我就像我的亲生父亲一样，甚至我和自己的父亲一起生活的时间都不如和卢老师相处的时间多。所以当我得知卢老师不幸去世的消息时，心里真的特别悲痛。

## 六、"接地气"的卢老师

在外人眼里，卢老师是德高望重的中科院院士，是高大上的民盟中央副主席、政协常委，觉得卢老师高高在上难以接近。但事实上卢老师是一个非常有生活情趣的人，会在周末拉着我们一起去郊区爬山，去各种农庄体验生活，还积极组织课题组的白洋淀、红螺寺、十渡等春游秋游活动，和年轻人打成一片。因为卢老师，我们整个课题组的氛围非常融洽，就像是一家人一样。

作为恩师，卢老师是我人生路上遇到的最好的老师，不仅是我科研路上的引路人，也是我思想上的引路人。卢老师的教诲已经在我心中留下了深深的烙印，我的成长，或者说我所谓的成功中凝聚着卢老师的汗水和心血。我只想赶上时光倒流的列车，回到卢老师的办公桌旁，倾听卢老师的教诲。

师恩难忘，难忘师恩！

◎ 卢老师在香山

# 严师慈父

◎ 何光宇

何光宇，上海交通大学长聘教授。1999年毕业于清华大学电机工程系，师从卢强院士，随后留校任教。在先生指导下，完成"数字南方电网""上海先进能量管理系统"等项目；协助卢强先生完成专著《智能电力系统与智能电网》。

有幸在先生门下求学，更有幸能在先生身边工作10余年。先生于我，既是严师，更是慈父。

先生的治学习惯、大师气度，深刻影响、指引着我们。

先生是全球数字电力系统首倡者，早在1999年即提出了数字电力系统的理念，先生的课题组也就自称为DPS（digital power system）。2005年起我们在先生指导下开展了"数字南方电网"研究，这也是国内首个数字化电网方面研究工作。还记得当时追踪到了美国电科院在电网数字化、智能化领域有了一点初步研究，兴冲冲向先生汇报，觉得或可借鉴。不料，老先生严厉批评了我们。老先生说，"科研工作不要人云亦云，要实事求是，要有自己的见解，要走独立自主道路"。

◎ 卢老师受聘为上海交通大学兼职教授（2014.12）

2010年，先生准备将1999年以来在数字电力系统、电力混成控制论、智能电网等领域工作总结到专著《智能电力系统与智能电网》中。作为先生的助手，我参与了全书的编写过程，深刻感受到先生治学严谨认真、自律谦逊的风范。在书籍的写作过程中，先生虽然事务繁忙，但仍投入大量时间亲自修改书稿。甚至在过年时

◎ 在兼职教授受聘会上讲话（2014.12）

候，老先生也会说正好有点空闲，可以再好好改一下。本书数易其稿，每次修改都是老先生从头到尾、仔仔细细阅读修改。每次我们都觉得书稿其实已经不错了，但老先生改后总能让书稿再次得到提升。可以说，书中每个字都浸透了老先生的心血。每次修改时，我们将书稿某一章用空一行形式打印后交给先生；过不多久，老先生就会将修改后的版本交给我们。修改稿中，字里行间都是密密麻麻的各种修正，标注规范，字体美观清晰；文采斐然，寥寥几个字的修改，往往就能起到画龙点睛的功效。

在先生身边，更多感受到的是慈父般温暖。

二〇〇几年的时候，一度传言说先生要升任某民主党派主席，担任国家领导人。我们求证先生，先生微笑，反问说，"我要是去了，你们不就很难见到我了吗？我还是喜欢和你们在一起"。

我成家时，先生更是特意坐飞机到上海，担任我的证婚人，发表了热情洋溢讲话。当天，先生穿着西装、系着喜庆的红色领带，风度翩翩，作为证婚人的讲话幽默风趣，赢得了阵阵掌声。事后亲友们和我说，"终于见到你老师了，优秀的人果然不一样。既是电力系统泰斗，又是全国政协常委，人还这么帅，讲话也这么风趣，人还随和，没有一点架子"。

◎ 作为证婚人发表讲话（2008.1）

2014年年底我到上海工作，先生几度表明不舍，后来说，"家庭终归重要，我无法再劝你。这样，我也到交大做一名兼职教授吧，你始终还是我们DPS一分子"。先生护犊之情溢于言表，行文至此，泣不成声。这样的故事，相信每个DPS人都能讲出一箩筐。

先生离世的前一天是2023年12月22日，或是有些心电感应，很是惦念先生。上午给他家里打电话，没人接。忐忑了一天，晚上打电话

◎ 卢老师参加婚礼（2008.1）

还是没人接，思虑再三，给先生发了条短信，"卢老师好，双节将至，提前祝您圣诞和元旦快乐。非常时期，多多保重身体"！没想到，这竟是给先生发出的最后一条短信！

纸短情长，难记哀思万一。先生永远活在我们心中！

◎ 2023年12月22日晚发给卢老师的短信

# 永远趋优的卢老师

◎ 李祖毅

李祖毅，1995年进入清华大学电机系电研五班学习，1998年获硕士学位。2002年在美国伊利诺伊理工大学获得博士学位，2004年成为助理教授，2014年晋升为正教授。研究方向为电力市场、微电网、智能用电。

怎么称呼Professor Lu，我有些诚惶诚恐。称"先生"，因Professor Lu并不认识我，似乎有些唐突。想来思去，称其"卢老师"，或许最为恰当。我粗浅的认知，在中国文化里，"老师"是对一个人最高也是最平和的称呼。所谓"师者，传道授业解惑也"。

卢老师，于他学术上的博士生，他是严师慈父，"没有泰山北斗压力"；于他课堂上的学生，他退而不休，给新生讲座还更新PPT，介绍最新的压缩空气储能技术；于他非直接教授的学生，他是谦谦君子，学者典范。我虽于清华园求学工作4年，却无缘卢老师门下。对卢老师的认知，源于卢老师的弟子何光宇老师。何老师于我，亦师亦友；从这个角度说，我是卢老师的二代弟子。

今晨七点半惊闻卢老师仙去，求问于何老师。过了一小时，何老师回复："我昨天早上特别想打电话，又怕他正在休息。忍到晚上八点半，打了家里座机没人接。后来就只发了一个消息问好。"话语简单如此，字里行间却是情深意切，我竟然一时不知道说些什么安慰的话。后来回复说，"愿他Rest in Peace。从各方面的反应来看，他是一位学者，威望很高的学者，不仅仅因为他是院士"。

卢老师以"电力系统非线性最优控制"名世，但据我从何老师处所知，卢老师并不提倡刻意追求"最优"，更多的是"趋优"，以及"自趋优"，且是事件驱动的"自趋优"。通俗地说，就是"刚刚好"。我斗胆猜测，卢老师谙熟非线性系统的复杂性，深知"最优"可遇不可求，且追求"最优"的代价可能超过追求"最优"带来的益处，所以强调"趋优"而非"最优"。其实，人生又何尝不是一个非线性系统呢，并且是一个比电力系统更复杂的非线性系统。从这个意义上讲，人的一生都是在"趋优"，处处追求"最优"有可能得不偿失。希望没有曲解卢老师的原意，可惜再也没有机会向卢老师请教求证。呜呼哀哉。

卢老师，"电力的荣光与梦想"。May Professor Lu Rest in Peace！

# 追忆恩师卢强先生

◎ 夏德明

夏德明，国家电网公司东北分部调控中心副主任，正高级工程师。先后荣获全国劳动模范、全国五一劳动奖章、辽宁省优秀专家、"兴辽英才"青年拔尖人才、辽宁省百千万人才工程"百层次"人才，国家电网公司优秀专家等荣誉称号。2007年毕业即从事调控运行相关工作，累计获中国电工技术学会科技进步奖20余项。

恩师永远地离开了我们，每每忆及此事，内心潸然，久久不能平静。一直想写点什么，万语千言，却迟迟无法落笔，一拖竟过去了3个月。先生是一座巍峨的高山，是一片广阔的大海，是我一生不竭的动力源泉。

我是1998年考入清华大学电机系的，有幸在2000年（大三的时候）到先生课题组里学习实践，有机会参加先生组里每周的学术交流，结识了课题组各位优秀的老师和师兄师姐，见贤思齐，也就萌生了成为其中一员的愿望。DPS实验室高手云集，和众师兄弟们相比，我一直认为自己是资质平平的一个，承蒙先生不弃，在2002年正式将我收入门下，直读博士。

先生领导的课题组，注重理论创新更注重工程实践，研究方向从理论创新到仿真验证再到工程应用，最终追求理论完美指导工程实践。我在课题组承担的第一项比较重要的工作是和刘锋师兄、马永健一起，开展基于超导储能的非线性鲁棒控制器提高电力系统稳定性的动模试验。我主要负责DSP编程，那时我每天拿着一本几百页的英文说明书，边实践边学习，大概用了1个月的时间，从0到1，突破了自己的不可能，熟练掌握了DSP编程。后来，我们又克服重重困难，最终得到了理想的实验结果。

先生既注重人的全面培养，又注重因材施教。先生对每个学生提出三点建议：一是选择一项可以终身从事的体育运动，二是学好外语，三是学一点逻辑学。先生在提醒学生要治学严谨时，让我们背诵马克·吐温的名言："一个人若有一茶匙头脑，便会有一分傲气。"课题组平均每周组织一次学术交流活动，每个学生每学期至少准备一次学术报告。先生也经常邀请国内外的知名学者到课题组讲学，拓宽了我们的知识面，开阔了我们的思维和眼界。2006年，先生还为我创造了赴英国伦敦Brunel大学短期交流的机会。由于我的动手能力相对较好，读研期间我参与了东北电网混成自动电压控制系统项目电厂侧装置的研发，以及配电网电力有源滤波器试验样机的研发等工作；后来，又参与了电力系统连锁故障机理分析等相关理论研究工作。

先生关心每个学生的成长和职业生涯规划，毕业前曾与我长谈，为我的择业指点迷津、出谋划策。得知我想离开北京、到沈阳东北电网公司工作后，欣然为我写了推荐信。离校前，先生语重心长地勉励我，工作后，要放低姿态，勤于学习，多向老师傅请教，多记笔记。

2021年4月，我和谢邦鹏同时受邀参加清华大学110周年校庆，得以拜会先生。先生精神矍铄、思路清晰敏捷，给我们讲述了新型电力系统构建和储能技术的发展方向，勉励我们踏实工作，大胆创新，从实际出发，超前谋划，解决实际问题。2021年6月，受邀参加清华大学本科生毕业典礼，再次得遇先生。后来因为疫情、工作等诸多因素，竟再没有机会拜会先生，再也无法聆听先生教诲了。

师恩难忘，回首过去，先生对我影响最深的是心怀家国的情怀、精益求精的精神和直面困难的勇气。毕业将近16年了，我一直谨记先生教诲，勤奋工作，认真学习，努力做到最好，不敢有丝毫懈怠，唯恐辱没师门。

先生千古，先生的精神永存。

# 若我能搏击蓝天，是您给了我翱翔的翅膀
## ——追忆我的博士导师卢强院士

◎ 谢邦鹏

谢邦鹏，现任国家电网上海浦东供电公司首席数据师兼张江中心数据管理组组长。2008年从清华大学博士毕业后进入国网上海浦东供电公司，工作后始终奋战于基层生产服务第一线，在继电保护、配电自动化、综合能源服务、数字化转型等方面都有丰富的现场工作经验和深入研究，直接参与并见证了世博园、迪士尼、张江科学城、临港新片区等区域的跨越式发展。十余年来，始终坚持简单的事用心做，理论结合实践开展创新，提升设备智能运检及供电服务水平，以苦干、实干加巧干的奋进状态诠释新时代产业工人的工匠精神。先后获得了"全国劳动模范""全国道德模范提名奖""全国五一劳动奖章""上海工匠"等荣誉称号。

2022年12月23日，那一天我正在家单独隔离，突然看到手机微信上师兄发的"卢老师因病逝世"的消息，反复确认属实后，顿时悲从心来、泪流满面。实难相信，就在前几日我还在计划等情况允许时，再和师兄相约一起赴京探望恩师的。如今，永难如愿了。

父母曾说，他们最大的荣耀是培养我上了清华，而我在清华最大的幸运，无疑是能拜入卢老师门下。卢老师离世后，我不时总会忆起他，好像他一如往常的精神与康健，还在清华园里挺着笔直的腰板骑着他的"小电驴"，穿过生机勃勃的校园去往他奉献毕生精力的电机系。我也一直希望记录下点滴，追忆我敬仰的恩师。多日中，闭目静思，如电影胶片般闪回，与恩师在一起的一幕幕徐徐铺开……

初见卢老师是在2002年推荐保送研究生时。夏日的清华园郁郁葱葱，阳光下主干道旁的杨树绿得耀眼。伴随着窗外知了的低吟声，胡伟老师带着我走进了卢老师的办公室。绿意盎然的窗下办公桌前，卢老师雪白的短袖衬衫更显得一尘不染。笔直的身板、整齐的白发、慈祥而深邃的目光，这是卢老师给我的第一印象。他安静地翻看着我的简历，而我则以为要经历怎样刁钻严苛地考核审查，在一旁忐忑不安。他似乎看出了我的不安，和善地询问了一些本科学业上的问题。他的语速不快，但语调永远是那么的平稳而笃定。最后他说"可以，你来吧"，我紧张的心情顿时放松了许多，也自此开始了学业的新阶段。

我们课题组叫DPS，源于卢老师1999年独立原创提出的"数字电力系统"。西主楼三区一楼102的小报告厅是我们DPS课题组最常使用的会议场所，每周的讨论班也主要安排在那里。提到102小报告厅，我的记忆总是定格在那次"考试"的一天。那一天，清华园的阳光依然明媚，但102小报告厅气氛却略显紧张。卢老师的表情略显严肃，他深邃的目光看着发言席上刚进课题组不久的我们，让我顿感手足无措。这时卢老师特别要求我们背诵并理解马克·吐温的一段话，并且他要亲自检查。我仍然记得，那段话大致的意思是：如果你有一汤匙的脑子，就知道不要剽窃，要诚实做好每一件小事，这其实是卢老师对我们每个学生为学与为人的期许。

卢老师特别擅长把他丰富多彩的人生经历和感悟，凝练为简单的几句话或简单的几件事，并教给我们。这些"简单"的事，却让我们受益终身。除了让我们背诵马克·吐温的这段话以外，他还要求我们：有一项终身爱好的体育运动、学好一门外语、学好逻辑学。其实，这些是要求我们要有良好的身体、要有国际视野、做事要讲逻辑。20多年过去了，现在回想起来，正是他的这些看似简单而又饱含深意的教导，让我们能够在不同的岗位上各自绽放精彩。

博士毕业后，我没有从事学术研究工作，而是在供电基层做了多年的技能、技术类工作。工作性质的不同，让我内心始终有点愧对卢老师多年学术教诲的感觉。没承想，2014年初，卢老师听闻我扎根基层工作出色，他非常高兴，还特意录了两遍录音给予了充分的肯定。他说："青年才俊扎根于生产一线，不但不是轻用人才，反而是锻炼和造就能担当未来大任的精英之正道，有利于科学技术的进步与发展，更有利于促进学术界和产业界的沟通与交汇。"这段话，鼓舞我至今。

2021年4月，我和师兄夏德明相约借校庆之机，赴京看望卢老师。那一天老先生兴致很高，当听说我、夏德明、叶俭三人先后在同一年获得了全国劳模等荣誉时，他笑着说："清华的教授培养的学生，做大官的很多，但能够培养出同一年三个全国劳模这类荣誉的，估计我是第一个咯！"

卢老师的音容笑貌似乎犹在眼前，但先生，却已然仙去了……听陈颖师兄说，卢老师最后一次参加课题组学术研讨时，还和他探讨数字世界的问题。他，总是在用自己的实际行动践行着，不惧艰险、始终不渝地攀登科学高峰……多希望，能够再带着年幼的儿女一起去探望先生，多希望能够再当面聆听先生的教诲！

如若我能搏击蓝天，正是您给了我翱翔的翅膀，我唯有努力飞得更高，方不负先生弟子之名！

# 沉痛悼念敬爱的卢老师

◎ 谢桦

谢桦，女，1970年生，湖北荆州人，1999年5月入学成为卢老师博士生，2004年1月获得清华大学博士学位，现为北京交通大学电气学院副教授，研究方向为储能规划与控制、综合能源系统优化运行等。

敬爱的卢老师离开了! 他永远离开了我们, 我真的是不能接受这个事实。

我第一次见卢老师, 没有预约就闯到他办公室, 很直接跟他说我因为要考他的博士研究生而来找他的。他没有恼火我冒昧打断他的工作, 而是停下来温和地问我想做的研究方向, 问了我的学习基础, 还给了我些学习指导。我回去很开心跟别人说卢院士非常平易近人。

幸运地成为卢老师的学生, 但看到师兄弟们满腹才华, 我感到很是自卑。有一次低头走着路, 卢老师看到了, 叫住我说: 在清华压力很大吗? 不开心吗? 科学研究要保持快乐的心态, 要享受学习啊。缓缓的语气、关切的神情, 没有丝毫指责和批评。为了帮助我打好功底, 卢老师让我到中科院数学所补习了近一年的数学, 还要求我去旁听一些专业课程, 后来又让我参与国际合作项目, 给我去英国跟宋老师学习的机会。卢老师不吝给予我宝贵的学习条件, 日常讨论中也总是语气温和。正是卢老师有教无类的潜心教导, 我才得以顺利完成学业。

卢老师的科研成就举世瞩目, 但他从来都跟我说是他的弟子们让他得意自豪, 他总是会开心跟我讲起梅老师、沈老师和所有弟子们, 他们的努力、他们的成绩。我是卢老师最笨的学生、最没出息的学生, 是一个总让他很操心的学生, 他从来是只有鼓励, 没有批评和嫌弃。我讲课和汇报紧张, 他就教我要自己在下面多练习再上讲台。我科研迷茫, 他就让我继续回校参加课题组讨论会。听我说起现在的课题组有做电池管理的, 他说很好啊, 做电网电池储能, 做退役动力电池梯次利用, 有困难的话可以来找我。他还要我多动笔写论文, 可以随时发给他指导修改。卢老师帮助过很多人, 但是他总是怕麻烦别人。有一次我给他打电话, 他说他出差了, 后来他告诉我是他当时身体不舒服, 不想麻烦我。为了不麻烦别人, 他告诉大家拜年时通过电话就好了。他80岁高龄时我买了辆电动汽车, 他兴致勃勃地计划也要买一辆, 要自己开车, 少麻烦别人。

80多岁的卢老师还有很多未竟的科研雄伟壮志。他每每谈及做压缩空气储能时精神抖擞，讲起构建新型能源系统时意气风发。他积极锻炼身体，乐观对待生活，总是精神饱满，让人意识不到他已是一位耄耋之年的老人。他为鼓励我锻炼身体，送给我的网球拍还在家里，可是我再也见不到球拍的主人了！

卢老师于我不仅仅是恩师，更多的是慈父。毕业的时候，我送他一套茶杯以表谢意，卢老师说你的礼物我收下了，再换一套拿回去吧，你觉得哪套好看就拿哪个，我拿回去的茶具比我买的好多了。有一次，我家楼下来了辆卖散装苹果的拖拉机，我买了一大堆拿给他，他外出了就放在他家门口。后来我觉得苹果小长得还丑，他说没事，苹果很好吃，我慢慢吃就好了。我去看他，他会拿出好茶、咖啡款待我们，孩子在他家调皮，他从来也不烦不恼。他有次还特地提前一天预定了甲所餐厅带我们全家去吃饭，点了很多菜，说孩子长身体需要补充营养，饭后带着我们在清华校园里散步时，还一再提醒我要注重孩子的文学修养。他关心我丈夫的工作，关心我孩子的成长。不论是通电话还是我去看他，他都会问到我家里每一个人的近况。

疫情紧张起来后，就只能电话问候了。最后一次的电话卢老师和我聊了近50分钟，以身边的人和事教导我要安排好工作和生活，要学会享受生活，要关注孩子在青春期的情绪，好好引导孩子，让孩子身心健康成长。可是，现在我再也听不到他的嘱咐唠叨了！

卢老师的突然离开让我悲痛不能自已！卢老师给予我科研道路上的指引、生活智慧上的教导、孩子成长上的指点，卢老师给予我的实在是太多了！卢老师的严慈教导、与他相聚相处的点点滴滴，是我永远的温暖回忆，是我一生的宝贵财富！

沉痛哀悼敬爱的卢老师！祝福敬爱的卢老师一路走好，在天堂吉祥安康！

永远怀念我的卢老师！

# 追忆先生

◎ 马进

马进，1997年与2000年在浙江大学电机工程系获得工学学士与工学硕士学位；2000—2004年在清华大学攻读博士，师从卢强院士。2004年4月起在华北电力大学电气与电子工程学院担任讲师，2017年7月晋升为副教授，2013年1月晋升为教授，博导。2013年10月起在悉尼大学电气与信息工程学院担任讲师（Level B），2015年晋升为高级讲师（Level C），2017年晋升为副教授（Level D）。长期从事电力系统建模、分析与控制的研究工作，主持多项科研项目。

自从先生离世，一直想动笔写点东西，但是迟迟未写。先生的音容笑貌，过去的点点滴滴，一幕一幕在回放：总是一遍遍看那篇纪念先生文集的征文启事，却难以落笔。一是内心伤感，不能正视先生离去的消息；二是文笔实在太差，学工之后没有写过一篇像样的文章，怕自己拙劣的文章破坏了一本精美的文集。今天雪敏找到我，便如20年前同在先生门下，"师兄，你不写点什么吗？"闻语我已泪下。如今坐在电脑前，试着回忆一下过去难忘的经历，却无法抑制眼里的泪水。人到中年，便无好消息，亲人、老师、同学、朋友慢慢地一个个离开，才明白小时候和老了的根本区别就是小时候从来没有想过会失去，那个时候认为什么都是天然就有的，亲人、老师、朋友都在那里，永远都在那里；现在才明白，一切都会失去，而你却无能为力。我是个很幸运的人，在我人生的路上，遇到了很多很多好的老师、好的朋友，他们给了我太多太多的帮助，让我能够走到现在，先生是其中非常重要的一位。

我和先生结识于1998年的秋天。浙大是我很喜欢的学校，浙大的老师对我厚爱有加，但是当时从我的家乡到杭州要在上海换车，而从上海到杭州还要数小时。在春运和暑假的火车上历经艰辛的我动了去北京的念头。第一次给卢老师打电话，我现在已经想不起来当时一个小毛头怎么会拿到院士的电话号码，我只记得我怀着忐忑不安的心情，打了那个电话。电话那边的声音让我觉得很威严，我说："老师，我想考清华的博士，您觉得我应该怎么准备呢？"电话那边说："你去读马大强老师那本书。"去了清华很多年，先生给我的指导一直是这样言简意赅，直中要害。每次和先生开例会汇报研究进展，先生从不多言，那个时候对先生更多的是敬畏。先生指导博士有一套独特的方法。我印象最深的是考上博士／研究生后第一次和先生见面，先生说你去图书馆借一本余耀南先生英文版的*Power System Dynamics*去读，读完了哪里不懂来找我。于是我听话地读了，去见先生时，先生说你合上英文原著，去图书馆借一本中译版，把它翻译成英文，然后用红笔标出来你的英文翻译和英文原著不一样的地方，然后来找我。读博士的前三个月，我们没有去讨论什么研究方向，我就做了这一件事，翻译一本中文的专著到英文，我感觉几乎吐血。但是我对英文和电力系统动态的兴趣就是从那个时候开始了。

读博士的那几年，先生是"973项目"首席科学家。我清楚记得先生想通过"973项目"解决国家急需解决的重大问题，那份焦虑和迫切，至今还在眼前。我记得有一次先生和我们一起在清华荷塘赏月，先生高兴，吟起曹操的诗"月朗星稀，乌鹊南飞。绕树三匝，何枝可依？山不厌高，水不厌深。周公吐哺，天下归心"。我当时坐在先生的身旁，先生吟罢诗，转头对我说："我真希望有本事的人都来做这个'973项目'，咱们一起来解决现代电力系统的难题。"事实上也是这样的，那个"973项目"各个子课题集聚了国内外的顶级专家，先生的报国之心，可见一斑。

先生总是给博士生创造一切机会去学习和成长。先生带着我拜访了太多太多的顶级专家，从他们身上我学到的东西是难以用言语表达的。因为先生，我才有幸能够向中科院系统所的程代展教授、英国Brunel大学宋永华教授和清华大学自动化系的郑大钟教授学习，他们对我一生的影响是巨大的，和这些前辈学习的机会弥足珍贵。昨天我还在和郑大钟教授的学生讨论共同创建联合研究中心的事情，而这一切，均是因为先生才成为可能。

先生对我的关心从来没有停止过，多年以后我在华电工作。一次开会，碰到杨奇逊院士，杨院士说："马进，卢老师又问起你了，他说马进又瘦了，你们学院是不是给他太大压力了？"先生工作繁忙，却挂念着我，每每想起，心中充满了温暖和感动。出国前，每年新年前都会回组里聚餐，小李老师都把我安排在卢老师那一桌，我现在想来觉得惭愧，大家都想坐在卢老师身边，和卢老师说说话，如今这种愿望已无法实现，令人伤感。2016年年底聚会我告诉卢老师我结婚了，卢老师说："马进，你陪我喝杯酒，我有礼物送你。"卢老师送的那份礼物如今成了一份永久的纪念。睹物思人，先生对我的期望我明白，但是学生实在是太不争气。我记得有一次先生把我叫到他的办公室里，对我说："我们做研究得有志气，就像日本人做机器人，他们要超过美国人，结果他们真的超过了，我们做研究能不能超过美国？"我知道在电力系统的研究领域，中国人做的事情很多很多都是世界领先的，都已经超过了美国，但是遗憾的是我没有能够达到先生的期望。这恐怕是心中永远的遗憾了。如今先生驾鹤西去，我只有牢记先生的教导，继续坚持不懈地努力，不期待能够有多大的成就，只是希望不要辜负先生学生的名分。

# 追忆恩师卢老师

◎ 薛安成

薛安成，2001年和2006年分别于清华大学数学系和电机系毕业；现任华北电力大学教授、博导，国家重点实验室研究员；讲授国家级精品课"电力系统继电保护原理"，主要研究新能源电力系统稳定性、安全防御和二次设备评估。

惊闻恩师卢老师驾鹤西去，回想先生引领我从数学跨入电气专业，为学为人，谆谆教诲，数件往事历历在目。

2000年9月，保研开始，正和数学系同学准备去中科院联系，听辅导员说，电机系要招一个数学专业的学生，遂转到电机系面试（当时卢老师部分办公室在数理楼），经梅老师初面，有幸见到先生。先生知我电气专业基础薄弱，拿着*Power System Analysis*一书嘱咐："好好学这个，夯实基础"，果然！后来才得知，先生是国家第一批"973项目"的项目首席科学家，他深感研究需要数学专业人员的加入，于是推动电机系从招生指标特拨一个，招数学专业学生，才有了我这个进入电气专业学习的机会。

大四期间，先生和梅老师共同指导电力系统稳定分析和控制相关内容，数学系唐云老师指导动力系统理论。期间，先生觉得我对于同步稳定性了解不够，把我直接派到南京，请薛禹胜院士指点EEAC相关内容。

研一课程过后，先生将我安排至清华–港大深圳电力系统研究所，师从吴复立和倪以信两位老师，学习电力系统稳定性理论，以发挥数学之长，终获暂态稳定和动态安全域相关成果若干，炼成博士论文《电力系统动态安全域》，并收获一票挚友。期间，有一次，从深圳回北京，和先生汇报在深圳同时学了很多电力市场的内容，先生以敏锐

◎ 2006年博士毕业献花

◎ 2020年参加答辩合影

的眼光，直接建议"电力市场受政策影响大，现在国家总体缺电，建议了解，不做相关深入研究"。

2006年博士毕业前，先生听了我们一届同学的相关内容汇报，教导我们答辩要达到"不看PPT就能答辩"的境界，先生说，"当年申请'973项目'，就是找没人地方练习，最后PPT在脑海里，不需要看，就能答辩"。博士预答辩前，先生拿着我的博士论文，逐字逐句地改，叮嘱特别要注意用词要精准，反复斟酌。

工作后，数次回学校，看到先生身体硬朗，校园内骑自行车，不让车送；先生总谈起现在的电气工程学科状况，并希望我们在电力系统和国家发展中贡献自己的力量。

如今，看着先生对2022年教师节和中秋节双节问候短信的回复："双节快乐，事业精进！"我多么希望，还能常回去看看先生，节日的时候，再发送一个问候！

卢强：

短信/彩信
9月10日 周六 10:40

时至双节，学生薛安成祝卢老师及家人，双节快乐，阖家安康！感谢老师的培养，一言一行，惠我良多，师恩难忘！

双节快乐，事业精进！

# 怀念敬爱的卢老师

◎ 蔺通

蔺通，清华电机系2003级本科、2007级硕士。现任华能金陵电厂副厂长、中盐华能储能科技有限公司总经理。第五批中央单位援青干部，青海省黄南藏族自治州尖扎县委副书记、副县长。曾担任金坛盐穴压缩空气储能国家试验示范项目负责人。

卢强老师是电机工程领域的大先生。在校期间，一直久仰大名但遗憾未曾直接受教。反而是在工作后，十分幸运在先生带领下，建成金坛盐穴压缩空气储能国家试验示范项目。过程中，近距离地接受先生为学与为人的指导，受益终身。先生的格局和情怀令人景仰，治学严谨与孜孜不倦令人敬佩，和蔼近人与关心厚爱更让人温暖怀念。

先生是电力系统非线性控制学科的开拓者和大家，也是我国压缩空气储能领域的开创者。先生提出和组织了世界首座非补燃压缩空气储能电站的研发，全程推动"金坛盐穴压缩空气储能国家试验示范项目"落地建设并投入商业运行。

从2018年金坛项目奠基仪式，到2020年开工仪式；从2021年指挥机组首次并网发出第一度电，到2022年宣布项目建成投产。先生不仅在项目每个里程碑时刻亲临指挥见证，更是在推进过程中的困难关键阶段，不辞劳苦，带领指导破解难题，给予团队支持鼓励，很多细节令人感动鼓舞。

在项目投资批复关键阶段，先生亲自带领清华大学、华能集团和中盐集团三方团队赴国家能源局汇报。在项目基建过程中，先生不仅经常给我打电话关心施工进度，对工期提出要求和建议，还多次到现场调研指导，鼓励所有项目参建团队。在项目投产前期，先生还就压缩空气储能价格机制多次与我们探讨，并亲自协调安排向国家发改委汇报。

先生在奠基、开工和投产仪式上都分享道："如果选择了最能为人类幸福而劳动的职业，那么，重担就不能把我们压倒。"这份"为人类事业而工作"的情怀，给予了项目每一位参建者以使命感和自豪感，极大鼓舞了团队士气。

金坛项目作为世界首个非补燃压缩空气储能电站，从设备研发到电站建设运维，从运营机制到价格政策，均无标准可依、毫无经验可循。项目建设过程充满了未知、挑战和艰辛。但先生对压缩空气储能事业的执着，对项目的亲自指导协调、关心和期盼，一直是整个团队全力以赴的信心和动力，是每个困难和灰暗阶段我们心底里的依靠。

还记得2022年5月15日晚，金坛项目实现连续4天满负荷、满时长"储能-发电"循环运行，完成整套设备启动试运，这意味着电站已满足投入商业运行的条件。我第一时间向先生和梅老师做了汇报，并收到先生回复：

"喜讯，真是喜讯！向为此付出的各位祝贺！请你代向中盐、华能合作单位的领导、工程技术人员和工人群体祝贺、感谢。这是政产学（研）结合的胜利！我十分高兴！"

——卢强于5月16日清华园

此刻，除了项目成功的喜悦与成就感，先生文字中传递的那份喜悦和幸福，更是令我激动和欣慰。先生一直秉持造福人类的情怀探求科学真理，带领团队孜孜不倦，将论文写在了祖国的大地上，此等精神情怀，值得吾辈尊崇和传承！

金坛项目投产后，我被选派到青海黄南藏族自治州尖扎县援青三年。到青海后我第一时间向卢老师做了汇报，先生给我回了很长一段微信：

"金秋时节，大地金黄。你传来的消息，令我高兴，好男儿有志在四方，志在大（国）家，支边支疆是光荣更是责任，祝你这位祖国的好儿子在边疆开辟一片新的'试验示范工程'，这不仅需要政治头脑，也需科技智慧。只要把人民放在心上，一切努力皆是值得的。此外江南与塞外江南飞机不过三个多小时，有空还可回家看看。祝身体健康，工作顺利。在金坛搞成了个示范工程在边疆也搞个示范工程。"

——卢强在京送弟子去远方的家有感

　　还是那份熟悉的亲切和温暖，先生的境界格局、关心期盼，再次感染、感动、激励和温暖着我，也让我在初到青海之时，对未来的工作有了更高的认识、更强的信心和更多的期待。

◎ 2018年参加金坛项目奠基仪式

◎ 2019年踏勘金坛项目现场

◎ 2020年出席项目开工仪式

◎ 2020年带队赴国家能源局汇报

◎ 2021年指挥发出金坛项目第一度电

◎ 2021年项目现场调研

◎ 2022年宣布项目投运

◎ 2022年12月23日金坛项目现场

2022年12月23日，惊闻先生驾鹤西去，一时悲痛不能自已。5年来的画面点滴接续在脑海中回放。拿起手机，想给先生再汇报点什么，可惜再无机会收到回复。再读先生赠予我远行的文字，回忆、感动、景仰、感谢，交织涌上心头，更化为心底笃行动力。

怀念卢老师，先生千古！

严谨求真　精益求精
——深切缅怀导师卢强院士

◎ 郑少明

郑少明，男，2005—2010年就读于清华大学电机系，博士，师从卢强院士，现任国家电网有限公司华北分部调控中心继电保护处处长，曾获北京市科技进步一等奖、中国电力科技进步一等奖、国家电网有限公司科技进步特等奖等。

　　我于2005—2010年间在清华大学电机系DPS课题组，师从卢强院士从事电力系统非线性鲁棒控制的研究及工程应用，在卢强院士的悉心指导和严格要求下完成了博士学业。卢老师广博的专业知识、敏锐的学术思想、严谨的治学作风和勤奋的敬业精神令我终生难忘，也一直指引着我在工作和学习中不断开拓探索。

　　卢老师在工作和治学上始终严格要求自己，在我进行大型发电机组非线性鲁棒电力系统稳定装置试验期间，卢老师对待科研和试验严谨细致和精益求精的作风令我印象最为深刻。

　　2006年11月底至12月初，根据课题研究进展将在东北电网500kV吉林白山电厂进行大型发电机组非线性鲁棒电力系统稳定装置（NR-PSS）的现场试验。为此，卢强院士和东北电网公司的黄其励院士组织项目组做了精心的准备，制订了详细的现场试验工作方案。原计划卢强院士也将一同前往白山电厂，但临出发前当地下了大雪，考虑当地复杂恶劣的山路交通和卢老师当时70岁高龄，课题组里的老师们都要求卢老师留在北京远程指导。已先期抵达白山电厂的黄院士也建议卢老师不要贸然前往，现场试验可由黄院士来统筹协调，但是卢老师坚持亲自去电厂现场参加试验。在经过2小时的飞机，又经过近3小时的冰雪山路颠簸，卢老师带着我来到了白山电厂开始了近一周的试验。

　　考虑电网安全和运行方式的要求，白山电厂发电机组的NR-PSS现场试验都安排在负荷高峰之后，因为涉及励磁调节器、常规PSS和NR-PSS的试验，所以试验有时候都到后半夜。但不管多晚卢老师坚持全程参加每项试验，指导我仔细比较试验数据、结果和分析原因，当天试验后及时组织我们总结试验情况，并提前准备第二天试验项目和注意事项。在卢院士和黄院士的指挥统筹下，现场试验取得了圆满成功，除了常规励磁系统功能试验，还完成了额定负载下的电压阶跃试验、单机稳定极限试验、双机并列运行稳定极限试验、切除单台机甩负荷试验以及无功反调等多种工况的试验，试验结果表明NR-PSS在系统各种扰动和运行条件下均具有优良的阻尼特性和综合动态响应；通过与常规控制器的性能比较，也进一步验证了NR-PSS在理论和技术上的先进性，表明NR-PSS能够更为迅速地抑制振荡，增强系统的阻尼，提升了系统稳定极限。

由于现场运行工况下需要保证机组和系统的安全稳定运行，因此无法验证系统中发生大扰动时NR-PSS对于提高暂态稳定性的优势。为了更全面、更真实地反映和检验NR-PSS在提高系统暂态稳定性方面的效能，卢老师又组织项目组利用实时数字仿真器（real-time digital simulation system，RTDS）对NR-PSS进行大扰动的数字–物理混合仿真实验，以充分验证其抑制大干扰、提高暂态稳定性的能力。卢老师亲自设计实验方案，考虑了实际电力系统运行可能出现的各种紧急情况和故障事件，并指导我们于2007年3月在东北电科院利用RTDS对NR-PSS进行了13项的大扰动实验，通过设置系统中发生不同时间和类型的短路故障实验，全面验证了NR-PSS的性能，大幅提高系统的暂稳极限传输功率。大型发电机组NR-PSS相关成果也纳入了卢老师的"电力大系统非线性控制学"项目，荣获国家自然科学进步二等奖。

何其有幸，作为卢老师的博士生能够切身感受到先生对祖国的无限深情和对科研事业的无限热爱。卢老师生前一直致力于把中国电力系统建设成世界上最强大、最安全的电力系统，并要求我们牢固树立"我是一名中国的工程师和科技工作者"的责任感和使命感。卢老师严谨求实、笃行致远，是我们为学、为事、为人的典范，是我们敬仰的"大先生"。现在作为一名电力行业员工，我将牢记卢老师的教导、继承先生的遗志，努力为中国电力系统的安全发展和国家富强贡献自己的全部力量。

# 深切缅怀我的导师卢强院士

◎ 陈艳波

陈艳波，2013年在清华大学电机系获博士学位，导师为卢强院士，现为华北电力大学教授、博士生导师，兼任西宁大学工学院常务副院长，教育部新能源电力系统智慧运行重点实验室副主任。入选国家万人计划青年拔尖人才、青海省"千人计划"杰出人才。

2022年12月23日早上醒来，在师门微信群中惊闻我的博士生导师卢强院士驾鹤西去，不禁泪流满面，悲恸不已。卢强先生是中国科学院院士、电气工程科学家、教育家，现代电力系统非线性控制学科的开拓者和奠基人，是电气人心中的大先生。

先生是吾辈为人为学的楷模，也是学生前进路上的灯塔！

2006年春夏之交，我还在华中科技大学电气学院读大三，当时教我们《电力系统分析》的孙海顺老师在一次下课时说，电力系统掌门人卢强院士即将来校做学术报告，他鼓励我们都去听这场难得的精彩报告。报告在国际交流中心举行，我早早地赶到会场，抢占了一个好位置。出席报告会的有校领导、学院的大部分领导以及广大学子，现场座无虚席，走廊和台前也坐满了人，这是我第一次见到先生。先生当时说他刚从瑞典皇家工程科学院归来，第一站就访问了华中科技大学，还说华中科技大学的动模实验室条件很好……报告讲的是非线性鲁棒控制，先生娓娓道来、深入浅出，台下不时地响起热烈的掌声，惭愧的是当时我没有听懂，只觉得特别有用又特别高深，边暗暗下定决心要成为先生的弟子。先生最后给在座的青年朋友们提了三点建议：学好一门外语，学一点逻辑学，爱上一项终身可以从事的运动。翻开那本我珍藏的华科版《电力系统分析》，当时记录的以上三点建议还清晰可见，然而却再也见不到先生的音容笑貌了。

2010年4月我在清华大学电机系参加博士生入学面试，初试时报考先生的有近30人，进入面试的只有我和另外一个来自浙江大学的考生，先生只有1个普博名额，因此我们2个人需要竞争。先生不是那次面试的专家组成员，但在轮到我面试时，先生步入房间加入了面试小组，专家组让先生坐在前排，先生还是坚持坐在后排，专家组成员都问过问题之后，先生才开始问我问题。我清楚地记得，先生没有问我专业问题，而是问我了一个逻辑题，我刚开始用的是"三段论"来解释，后来在先生的提示下用"充分非必要条件"来解释才算过了关，顺利成为先生的弟子。

3年读博期间，在先生的悉心指导下，我在科研方面得到了系统的训练。先生不仅传道、受业、解惑，传授我们做科研的方法论，还经常培养我们的科研精神。记忆最深刻的是在2011年1月11日，先生在给课题组所有人的信中写道："最幸运的人就是那些全身心投入自己最擅长的活计的人。对我们而言就是致力于对我国电力系统运行有益的工作，以至于几乎意识不到自己与我国电力系统完美运行之间还存在距离……纵观中外历史，有多少具有非凡技能或盖世武功的人物，因其受逻辑思维发散问题的困扰而少有成就。我无时不希望，凡我组精英皆能成长为战术、战略兼备的领军人物。千万记住一个真理，即：我们对美好事物的无限追求，最终得到的只能是有限的美好。把自己铸造成为一个逻辑铁人吧，这比什么都重要。"时至今日，先生当年发给我们的信件，我还完好地保存在电脑中，并不时拿出来阅读、领会、践行。

2012年春，在先生的办公室，我向他汇报了关于博士论文架构的设想，先生询问了我拟解决的科学问题、关键技术问题及主要章节的内容等。在先生的亲自指导下，我的博士学位论文题目被拟为"基于统计学习理论的电力系统状态估计研究"，同时，他帮我重新凝练了科学问题，并帮我分析了技术路线。我至今还清楚地记得先生教导我凝练科学问题的技巧和注意事项，这使得后来从事科研工作的我受益终身。我的博士论文最终获评清华大学优秀博士学位论文，是我人生中所获的第一个科研奖励。

2013年春，我在择业问题上犹豫不决，先生建议我去高校发展，并亲自帮我写了推荐信，最终我顺利入职华北电力大学。进入华北电力大学工作之后，每年的课题组元旦聚会和夏季学生谢师宴期间，我都会向先生汇报我的工作情况，每次都能得到先生的指点。2021年5月22日，课题组通过腾讯会议为先生贺寿期间，先生还在关心我的发展。我当时向先生汇报：整体还可以，感谢卢老师。

本来想着疫情好转之后，我们又可以去看望先生，并聆听他的教诲。不想如今却与先生阴阳两隔，不胜哀恸。

先生千古！一路走好！